D0821479

¿DÓNDE ESTABA DIOS?

RESPUESTAS A PREGUNTAS DIFÍCILES
SOBRE DIOS Y LOS DESASTRES NATURALES

¿DÓNDE ESTABA DIOS?

RESPUESTAS A PREGUNTAS DIFÍCILES
SOBRE DIOS Y LOS DESASTRES NATURALES

ERWIN W. LUTZER

Tyndale House Publishers, Inc. Carol Stream, Illinois

Visite la apasionante página de Tyndale en Internet: www.tyndale.com

TYNDALE y la pluma del logotipo son marcas registradas de Tyndale House Publishers, Inc.

¿Dónde Estaba Dios? Respuestas a Preguntas Difíciles sobre Dios y los Desastres Naturales.

Diseño: Jennifer Ghionzoli

Edición del inglés: Lisa Jackson

Traducción al español: Julio Vidal

Edición del español: Mafi E. Novella

Publicado en inglés en el 2006 como *Where Was God?* ISBN-10: 1-4143-1144-3; ISBN-13: 978-1-4143-1144-9

Library of Congress Cataloging-in-Publication Data

Lutzer, Erwin W.
  [Where was God? Spanish]
  ¿Dónde estaba Dios? : respuestas a preguntas dificiles sobre Dios y los desastres naturales / Erwin W. Lutzer.
    p. cm.
  Includes bibliographical references.
  ISBN-13: 978-1-4143-1483-9 (hc)
  ISBN-10: 1-4143-1483-3 (hc)
  1. Disasters—Religious aspects—Christianity. 2. Providence and government of God—Christianity. 3. God (Christianity)—Omnipresence. I. Title.
  BT161.L8818 2007
  231'.8—dc22   2006031727

Impreso en los Estados Unidos de América

Printed in the United States of America

13   12   11   10   09   08   07
7   6   5   4   3   2   1

Para R. C. Sproul, un amigo que nunca se cansa
de recordarnos que Dios es soberano, tanto en los
eventos históricos como en los naturales,
y que Él es digno de toda nuestra fe y confianza.

———————————

Dios es nuestro amparo y nuestra fortaleza,
nuestra ayuda segura en momentos de angustia.
Por eso, no temeremos
aunque se desmorone la tierra
y las montañas se hundan en el fondo del mar;
aunque rujan y se encrespen sus aguas,
Y ante su furia retiemblen los montes.
"Quédense quietos, reconozcan que yo soy Dios.
¡Yo seré exaltado entre las naciones!
¡Yo seré enaltecido en la tierra!"
El SEÑOR Todopoderoso está con nosotros;
nuestro refugio es el Dios de Jacob.

SALMO 46:1-3, 10-11

CONTENIDO

UN CORAZÓN PARA EL AFLIGIDO

Este libro nació en mi corazón mientras miraba un informe especial de CNN sobre los niños que sobrevivieron el fatal terremoto en India y Pakistán el 8 de octubre del 2005. Mientras observaba a los voluntarios tratando de ayudar a los jovencitos atemorizados, la pregunta que vino a mi mente fue: "¿Qué clase de Dios permite que ocurra semejante desastre?"

Estos niños, en su mayoría huérfanos, estaban magullados y vendados. Algunos tenían sus ojos tan hinchados que no podían abrirlos. Otros estaban sentados en un silencio sepulcral, evidentemente conmocionados por lo que habían experimentado. Sin las instalaciones adecuadas, los voluntarios hacían todo lo que podían para proveer consuelo y las necesidades básicas a los sobrevivientes. Pero mucha gente que quedó atrapada en aldeas remotas no recibió ayuda en absoluto.

Sin duda, muchos de esos niños ya han muerto desde el día de la transmisión del especial de CNN, y aquellos que sobrevivieron enfrentan una vida de soledad, pena y dolor. En total,

ochenta mil personas murieron en el terremoto del 2005 y un
número muchísimo mayor sufrió lesiones.

Este terremoto ocurrió inmediatamente después del mayor desastre natural de la historia moderna, el tsunami que
barrió Sri Lanka, Tailandia, India y muchos otros países en
diciembre del 2004. Actualmente, el número estimado de víctimas es de 240.000, aunque nadie lo sabe con seguridad.

Mientras escribo estas páginas, un año después del tsunami,
dos millones de personas aún permanecen sin hogar y muchas
de ellas, a duras penas, han comenzado a rehacer sus vidas.
Hay niños que aún luchan por sobrevivir, familias que están
fragmentadas y cincuenta mil personas en las listas de los desaparecidos. Algunas personas todavía siguen buscando a niños o
parientes, esperando encontrarlos vivos, aun cuando saben que
las posibilidades son probablemente remotas. ¿Quién puede
calcular la cantidad de lágrimas derramadas debido a desastres
como este?

Aquellos de nosotros que vivimos en los Estados Unidos
pensamos inmediatamente en el huracán Katrina, que azotó
gran parte de la Costa del Golfo en agosto del 2005. Las imágenes de miles de personas a la deriva, aglomerándose en
torno al estadio Superdome han quedado grabadas en nuestras memorias. Las historias son innumerables: Una madre
llamando a su hijo mientras es arrastrada por las turbulentas
aguas. Una familia abarrotada en un altillo, haciendo señas
desesperadas a los socorristas, en espera de ser salvados. En
total, más de mil personas murieron y cientos de miles que

fueron dejados atrás tratan de recuperar algo de normalidad. Los sobrevivientes cuentan sus historias de lucha con las compañías de seguros y sus experiencias viviendo en refugios, sabiendo que sus hogares nunca podrán ser reconstruidos. Como resultado de todo este desastre, muchos niños aún siguen desaparecidos.

En total, la temporada de huracanes del 2005 fue la más activa de la historia: Se dio nombre a veintisiete tormentas tropicales (incluyendo catorce huracanes). Pero la devastación ocurrida en desastres menos conocidos es igualmente terrible para las familias y los niños. Tragedias en menor escala matan y destruyen cada día, aunque sólo los eventos de gran envergadura llegan a ser noticia.

Alguna gente piensa que no deberíamos buscar respuestas de Dios o del hombre. Creen que estos desastres son de proporciones tan grandes que no puede haber ningún propósito oculto en ellos, y que nada útil o alentador se puede decir de ellos.

Soy muy consciente de que se puede decir poco o nada para aliviar el dolor de aquellos que lloran por la pérdida de sus seres queridos. Los padres raramente encontrarán consuelo cuando un cristiano les diga que Dios tiene algún propósito oculto en la pérdida de su hijo. Un niño que recién se ha enterado de que sus padres han muerto en la casa derrumbada que yace detrás de él, no se consolará con la certidumbre de que a Dios realmente le importa y que Él hizo esto con un propósito mejor.

Las respuestas simplistas pueden ser hirientes e inútiles. A veces, sólo necesitamos sentarnos al lado de aquellos que están afligidos, haciéndoles saber que nos preocupa lo que les sucede, en lugar de hablarles desapasionadamente acerca de las promesas y los propósitos de Dios. He descubierto que, a menudo, es mejor no decir nada que decir algo que parezca restarle importancia al horror. Hay penas que son muy profundas para ser expresadas en palabras, muy intensas para encontrarles explicación e incluso muy hondas para el consuelo humano.

Recuerdo muy bien las palabras de Fiódor Dostoievski cuando describe claramente los sufrimientos de los niños pequeños y se cuestiona el problema de la maldad en *Los Hermanos Karamazov*: "Si los destinos de la humanidad estuviesen en tus manos, y para hacer definitivamente feliz al hombre, para procurarle al fin la paz y la tranquilidad, fuese necesario torturar a un ser, a uno solo... ¿te prestarías a ello?"[1] El famoso escritor concluye que tal tormento nunca puede ser justificado, que jamás se ha encontrado una explicación que le pueda dar respuesta o que lo respalde. Lo mismo se puede decir acerca del sufrimiento de los niños a la luz de males naturales; el sufrimiento es de tal magnitud que parecería inútil creer que pudiese ser justificado alguna vez. Simplemente, es mejor no dar una respuesta que responder de manera inadecuada.

Tenga en cuenta que, aunque usamos el término *mal natural*, debemos distinguir entre los desastres naturales y los males provocados por el hombre; aquellos que pueden ser atribuidos a las decisiones tomadas por seres humanos. Un maremoto que ocurre en medio del océano y que no nos afecta, no puede considerarse un mal en sí mismo; solamente nos referimos a él como malo cuando nos percatamos de la devastación que trae para la gente que comparte este planeta. Se vuelve malo porque consideramos todo sufrimiento y muerte como algo malo.

Sin embargo, a pesar de esta aclaración, necesitamos preguntarnos si los horribles eventos que hemos presenciado son compatibles con el Dios que se nos ha revelado en la Biblia. Los desastres naturales desafían los límites de nuestra fe en un Dios bueno y compasivo. ¿Cómo podemos mirar las noticias sobre niños huérfanos y lograr que nuestra fe aún permanezca intacta? Siglos atrás, Asaf, que escribió muchos de los Salmos, comprobó que su fe se debilitaba cuando veía prosperar a los malvados y a los justos ser humillados. Él comienza con una afirmación optimista para luego revelar sus dudas:

> En verdad, ¡cuán bueno es Dios con Israel, con los puros de corazón! Yo estuve a punto de caer, y poco me faltó para que resbalara. Sentí envidia de los arrogantes, al ver la prosperidad de esos malvados.   **SALMOS 73:1-3**

El problema de Asaf no era un desastre natural, pero aún así, le resultaba difícil reconciliar la existencia de un Dios bueno y todopoderoso con la permanente injusticia del mundo. ¿Quién no se ha cuestionado la aparente indiferencia de Dios hacia este planeta con sus aflicciones, sus injusticias y sus sufrimientos? Frente a situaciones de indescriptible dolor humano, el silencio de Dios resulta abrumador e incomprensible.

Un periodista, comentando acerca del huracán Katrina, habló por muchos cuando dijo: "Si este mundo es el producto de un diseño inteligente, entonces el diseñador tiene algo que explicar". Por supuesto, muchos creemos que el Diseñador *no* nos debe una explicación. Aunque si creemos que Él se ha revelado a Sí mismo a través de las escrituras, se nos permite tener una idea de su manera de obrar y sus propósitos en el mundo.

Tenemos muy poco para decir a aquellos que, con enfado, decidieron estar en contra del Todopoderoso. Sólo podemos hacer esta observación: Cuando los ateos preguntan por qué Dios permite estos males, están realmente dando por sentado la existencia de Dios incluso cuando lo critican severamente. Si Dios no existiese, no podríamos llamar malo a nada, ya sean las convulsiones de la naturaleza o los actos criminales de los seres humanos. En un mundo impersonal que niega la existencia de Dios, cualquier cosa que *es,* simplemente existe. Ningún juicio moral es posible. Volveremos a este punto más adelante en este libro.

En última instancia, nos enfrentamos con una cuestión de fe. Aquellos que conocen a Dios creerán que Él tiene una razón justificable para la tragedia humana, mientras que otros tratarán tal fe con menosprecio.

He escrito este libro con varios objetivos en mente.

Primero, deberíamos descubrir lo que la Biblia tiene para

decir acerca de la relación entre Dios y los desastres naturales. Tal estudio bien puede alejar a la gente de Dios (como ya veremos, esto es lo que le ocurrió a Voltaire) o puede llevarnos a adorarle aun con más concentración y reverencia. En última instancia, mi objetivo es proporcionar la convicción de que se puede confiar en el Dios de la Biblia, que sus promesas para aquellos que creen son dignas de nuestra fe y son la base de nuestra esperanza.

Estaré contestando preguntas tales como:

- ¿Deberían los desastres naturales ser llamados actos de la Providencia?
- ¿Está Dios involucrado directa o indirectamente en tales tragedias?
- ¿Por qué deberíamos creer que Dios aún está interesado en lo que ocurre en Su mundo?
- ¿Padeció desastres la gente en la Biblia? Si así fue, ¿continuaron creyendo?

Todo se reduce a esto: A la luz del sufrimiento que parece tan innecesario en este mundo, ¿Tenemos todavía confianza en Dios? ¿Es incluso posible confiar en un Dios que permite un desastre que seguramente podría haber evitado, o todavía más específicamente, un desastre del cual Él se hace responsable?

Mi intención no es espiar el diario personal de Dios y fingir que puedo ver todos sus propósitos; ciertamente, hay abundantes propósitos divinos que nunca llegaremos a conocer en estos desastres. Finalmente, sólo Dios sabe todos los motivos y los por qué. Más bien, quiero demostrar que el mal natural no es incompatible con un Dios bueno y compasivo. En nuestro estudio encontraremos mucho misterio, pero con optimismo, también hallaremos mucho entendimiento que nos guiará, también, a afligirnos por los padecimientos de este mundo.

El segundo propósito de este libro es advertir sobre las interpretaciones bien intencionadas, pero absurdas, que se hacen frecuentemente cuando ocurren los desastres. Como lo haré notar, gente de todas las religiones, incluyendo cristianos, a menudo están demasiado dispuestos a interpretar estos eventos precisamente de la manera que a ellos les parece. Debemos advertir acerca de los comentarios de la gente sincera que está realmente convencida de que son capaces de discernir los pormenores de la mente divina.

Al aclarar estos asuntos, daremos un vistazo a las diferencias entre la función de los desastres naturales en el Antiguo Testamento y los actuales. Si no hacemos esta diferenciación necesaria, creo que podemos ser llevados a emitir toda clase de opiniones que son inválidas e incluso dañinas acerca de los desastres.

Finalmente, he escrito este libro para tratar de consolar a todos aquellos que dudan y sufren. Si bien es cierto que las mejores explicaciones no consuelan inmediatamente a los que están luchando con el sufrimiento, aquellos que creen en el Dios de la Biblia pueden encontrar una fuente de fortaleza y consuelo, aun cuando las respuestas resulten difíciles de obtener.

Aunque la primera mitad de este libro (capítulos 1 a 4) aborda mayormente preguntas de carácter teológico y filosófico acerca del mal natural, la segunda mitad (capítulos 5 y 6) está escrita con una inquietud pastoral en mente. Allí, alentaré a los lectores a buscar a Dios con fe y a seguir creyendo sin importar las tragedias que vengan a este planeta. También abordaré el tema de nuestras luchas personales con la duda, y qué decir cuando los amigos nos preguntan acerca de Dios y su relación con las tragedias que vemos cada día en la televisión. El epílogo nos desafía a prepararnos para "La Gran Prueba".

Para este estudio, me concentraré en el mal natural en lugar del mal causado por la gente. Claramente, Dios no hace el mal perpetrado en un campo de concentración; son seres humanos los que lo hacen. Pero los terremotos y los huracanes no pueden estar relacionados directamente con las decisiones hechas por los seres humanos. Como veremos, el rol de Dios es más inmediato y directo en estas tragedias.

En consecuencia, a muchos cristianos que podrían no perder su fe debido a la maldad humana se les hace más difícil mantenerla cuando ocurren desastres naturales. Aun los cristianos se preguntan si pueden confiar en un Dios que permite (u ocasiona) que ocurran tales desastres sin una sola palabra de consuelo del cielo. John Keats escribió: *"¿Hay otra vida? ¿Me despertaré y descubriré que todo esto es un sueño? Debe haberla; no podemos haber sido creados para esta clase de sufrimiento".*

No hay ninguna duda de que esta vida incluirá sufrimiento. Pero, ¿dónde está Dios frente a semejante dolor?

Comencemos nuestro estudio.

PREGUNTAS PARA DISCUSIÓN

1. ¿Ha sufrido usted o un ser querido una pérdida debido a un desastre natural alguna vez?

2. Después de un desastre natural, ¿tiende usted a poner en duda la bondad de Dios o recurre a Él buscando consuelo?

3. ¿Qué pasajes de la Biblia le vienen a la mente cuando piensa acerca de nuestra lucha para creer en la bondad de Dios en tiempos difíciles?

CAPÍTULO 1

¿NOS ATREVEREMOS A BUSCAR RESPUESTAS?

El silencio de Dios en presencia de la aflicción humana es uno de los más grandes misterios de nuestra existencia. Cuando nos enfrentamos con el sufrimiento humano innecesario, somos forzados a reconsiderar nuestra fe, a hacer frente a nuestras dudas y a debatir si podemos confiar en Dios. Cuando el huracán Katrina golpeó la Costa del Golfo en agosto del 2005, aun aquellos que usualmente excluyen a Dios de su pensamiento se hicieron preguntas acerca de la existencia humana mientras luchaban con la aparente indiferencia divina ante las necesidades humanas.

Tal como los terremotos crean temblores secundarios, los desastres naturales crean temblores secundarios religiosos que desafían la fe de aquellos que creen en Dios y simultáneamente reafirman el cinismo de los escépticos. De cualquier modo, los desastres nos fuerzan a hacernos preguntas fundamentales.

El terremoto que sacudió a Europa

Comenzamos nuestro debate, no con desastres contemporá-
neos sino más bien con uno que ocurrió el 1ero de noviembre
de 1755. El terremoto de Lisboa fue probablemente el de mayor alcance y el más notorio desastre natural de la historia
moderna, hasta el tsunami ocurrido a fines del 2004. Otros
desastres pueden haber sido peores, pero ninguno fue tan am-
pliamente debatido o ha tenido tan profundas ramificaciones
como éste ocurrido en Portugal.

Esa mañana el cielo estaba soleado, tranquilo y bello, pero
en un momento todo se transformó en un caos espantoso. Iró-
nicamente, el terremoto ocurrió en el día de Todos los Santos,
cuando las iglesias estaban atestadas de creyentes. Uno pensa-
ría que la gente que buscó refugio en la casa de Dios podría
haberse salvado. Ciertamente, algunas personas corrieron hacia las iglesias, buscando refugio junto a los sacerdotes que estaban oficiando misa a las 9:30 de la mañana. Testigos oculares
dicen que las multitudes tenían el terror de la muerte en sus
rostros y cuando sobrevino el segundo remezón, tanto los sacerdotes como los feligreses comenzaron a gritar por igual,
clamando misericordia a Dios. Pero el cielo se mantuvo en silencio ante sus súplicas. Casi todas las iglesias de Lisboa fueron reducidas a escombros y la gente que buscó refugio en ellas
falleció.

Luego del sismo inicial, que duró de seis a diez segundos,
los temblores secundarios adicionales continuaron destruyendo edificios y hogares. El fuego estalló inmediatamente de

un lado al otro de la ciudad, haciendo que las tareas de rescate fueran casi imposibles. Esta devastación fue seguida por un tsunami; sus altas olas golpearon el puerto marítimo, desprendiendo las embarcaciones de sus anclas y matando a cientos de personas que buscaron refugio a lo largo de la costa. El cielo soleado se oscureció por el hollín y el polvo. Con la tierra, el fuego y el agua combinándose para aumentar la destrucción, hasta los más calmos observadores sospecharon de un diseño.[1]

El terremoto cobró las vidas de entre treinta y sesenta mil personas y redujo tres cuartos de la ciudad a escombros. Aquellos que quedaron fueron forzados a reconsiderar muchos de los asuntos importantes de la existencia humana. Por toda Europa pareció haber un deseo completamente nuevo de volver a debatir las preguntas acerca de la vida más allá de la tumba, y mucha gente comenzó a hablar de construir una nueva civilización basada en el Cristianismo con su tenaz insistencia en que la esperanza en esta vida debe estar arraigada en la siguiente. La gente se enfrentó con la opción de volverse en contra de Dios o creer que Él tenía el poder y la intención de redimir los males de este mundo.

Como cabría suponer, mucha gente se aferró a su fe y otros buscaron la fe en Cristo por primera vez, habiendo sido advertidos de una manera terrible de que sus vidas estaban en peligro constante. Algunos historiadores dicen, incluso, que la generación de la revolución en Francia y la generación de los avivamientos Wesleyanos en Inglaterra pudieron haber ganado ímpetu con esta catástrofe en Portugal.[2] Pero las opiniones de ninguna manera fueron unánimes en cuanto a cómo deberían ser interpretados los eventos. Esto da realce a la dificultad de poder leer la Mente Divina.

¡Una interpretación, por favor!

La gente de Lisboa buscó el significado en medio de los escombros de hogares destruidos y de amontonamientos de cuerpos sin vida. No es sorprendente que mucha gente creyó que el terremoto fue un acto de juicio divino contra la pecaminosa ciudad marítima. Un famoso Jesuita habló en nombre de muchos cuando dijo: "Aprende, oh Lisboa, que los destructores de nuestras casas, palacios, iglesias y conventos, la causa de muerte de tanta gente y las llamas que devoraron tesoros tan vastos son tus pecados abominables".[3] Después de todo, el sismo se produjo en el Día de Todos los Santos, de manera que muchos asumieron que Dios estaba diciendo que los pecados de los santos eran tan graves que merecían un juicio inmediato. Lo que desconcertó a algunos, sin embargo, fue que una calle de prostíbulos fue dejada intacta en su mayor parte.

De manera previsible, los protestantes fueron proclives a decir que el terremoto fue un juicio contra los Jesuitas que fundaron la ciudad. Al fin y al cabo, la Inquisición estaba en plenitud y decenas de miles de presuntos herejes eran brutalmente asesinados. Los Jesuitas respondieron diciendo que el terremoto reveló la ira de Dios porque la Inquisición se había vuelto muy poco estricta.

Un sacerdote franciscano le dio un giro imprevisto a su

interpretación al argumentar que el terremoto fue una forma de misericordia divina. Después de todo, razonaba, Lisboa merecía algo mucho peor: Dios tenía todo el derecho de destruir la ciudad por completo debido a la maldad que había en ella. Así pues se maravillaba por el refrenamiento de Dios al permitir que algunos vivieran. Dios, en su gracia, había hecho apenas lo justo al enviar una advertencia y decidir salvar a algunos en la ciudad como un acto de misericordia inmerecida de manera que pudiesen arrepentirse.[4]

Los feligreses se aferraron al consenso general de que esta tragedia tenía que ser interpretada a la luz de un mundo superior. Sentían que Dios estaba tratando de comunicar de alguna manera que hay un mundo más allá de este; un mundo que puede dar sentido a la imprevisible y fortuita existencia de hoy. Los sermones sobre el terremoto se predicaron durante muchos años.

> Siempre que la tragedia golpea, tenemos la tendencia a interpretarla a la luz de lo que creemos que Dios está tratando de decir.

Siempre que la tragedia golpea, tenemos la tendencia a interpretarla a la luz de lo que creemos que Dios está tratando de decir. Allá por el 2004, algunos musulmanes creyeron que Alá golpeó el sudeste asiático con un tsunami alrededor de Navidad porque la temporada está llena de inmoralidad, abominación, alcohol y cosas semejantes. Y luego de Katrina, algunos musulmanes opinaron que Alá estaba acumulando venganza contra Estados Unidos por la guerra en Irak.

Por otra parte, un periodista cristiano en Israel dijo que vio un paralelo entre los colonos judíos siendo forzados a dejar la franja de Gaza y la gente siendo forzada a salir de Nueva Orleans. Su insinuación fue que Katrina era un juicio de Dios por el apoyo de los Estados Unidos a la decisión de Israel de desalojar partes de la tierra en favor de los palestinos. En un despliegue adicional de presunto entendimiento divino, Pat Robertson sugirió que el derrame cerebral que terminó con el mandato de Ariel Sharon en Israel fue un juicio divino por haber dividido la "tierra de Dios".

No hay duda de que gran controversia rodea la interpretación de los desastres naturales. Comprendí esto perfectamente cuando leí la historia de John Wycliffe, el gran traductor de la Biblia y protestante que enseñó a sus estudiantes en la Universidad de Oxford a morir por la fe (más de trescientos de sus discípulos fueron asesinados despiadadamente por traducir y predicar la Palabra de Dios).

En 1378, Wycliffe se retiró de la vida pública para continuar sus estudios y sus escritos en Oxford. En 1381, hubo una revuelta de campesinos, y uno de los líderes del alzamiento resultó ser John Ball que, supuestamente, había sido discípulo de Wycliffe. Wycliffe repudió la revuelta pero el daño ya estaba hecho y fue acusado de complicidad. Además, los rebeldes habían matado al Arzobispo de Canterbury, reemplazándolo con William Courtenay, enemigo acérrimo de Wycliffe.

Al año siguiente, el hostil arzobispo llamó a un consejo para condenar las declaraciones de Wycliffe. Cuando se produjo un terremoto durante el proceso judicial, Wycliffe lo interpretó como un signo del desagrado divino, un juicio contra aquellos que forzaron su expulsión. Courtenay, sin embargo, afirmó que la tierra estaba eliminando gases para expeler las nauseabundas herejías de Wycliffe.

Claramente, la gente ve en los desastres naturales exactamente lo que quiere ver. Recuerdo el comentario: "Sabemos que hemos creado a Dios a nuestra propia imagen cuando estamos convencidos de que Él odia a la misma gente que nosotros odiamos". Los desastres a menudo se convierten en un espejo en el que se reflejan nuestras propias convicciones y deseos.

Todo esto es una advertencia de que debemos ser cuidadosos con lo que decimos acerca de tales tragedias. Si decimos demasiado, podemos equivocarnos, pensando que podemos leer la letra pequeña de los propósitos de Dios. Pero si no decimos nada, damos la impresión de que no hay un mensaje que podamos aprender de las calamidades. Como veremos después, creo que Dios sí habla a través de estos eventos, pero debemos ser cautos al pensar que conocemos los detalles de su agenda.

¿Es este el mejor de todos los mundos posibles?

Voltaire vivía en Lisboa cuando ocurrió el sismo y fue afectado profundamente. A fin de comprender su reacción, tenemos que familiarizarnos primero con el filósofo Gottfried von Leibniz, que vivió algunas décadas antes del terremoto de

Lisboa (1646-1716). Fue el primer filósofo que conozco que escribió una *teodicea*, una defensa de Dios y su forma de ser en este mundo.

Analice detenidamente esta pizca de razonamiento filosófico: Leibniz enseñaba que Dios tenía ante Sí, un infinito número de mundos posibles, pero debido a que Dios es bueno, eligió *este* mundo, que es "el mejor de todos los mundos posibles"; es más, Dios creó la naturaleza para servir al mejor de todos los propósitos posibles". A fin de cuentas, por supuesto, un Dios bueno que fuese soberano haría sólo lo mejor y lo correcto. Leibniz no condonó la maldad, sino que, a su manera de ver, la consideró parte de un magno plan, diseñado para el bien supremo. Teniendo en cuenta el propósito que Él deseaba llevar a cabo, esto era lo más conveniente para Dios.

No hace falta decir que después del terremoto de Lisboa, la gente tenía que preguntarse si este era ciertamente "el mejor de todos los mundos posibles" y si las leyes de la naturaleza estaban ordenadas para el mejor de los propósitos posibles. Si Dios se enfrentó con un número infinito de mundos y eligió este, entonces tenemos que preguntarnos legítimamente cómo hubiese sido el peor de todos los mundos posibles.

Voltaire estaba convencido de que el terremoto de Lisboa puso fin al optimismo de aquellos que pensaban que Dios siempre actuaba para bien. Voltaire ridiculizó las convicciones de los cristianos que creían que podía haber un motivo

transcendental encubierto para el sufrimiento del mundo.
Para él, nada bueno podía emerger de la tragedia de Lisboa,
ya sea en este mundo o en el siguiente. Incluso escribió un
poema acerca del terremoto:

> *"Esa desgracia, me dicen, para el bien de otros es."*
> *De mi cuerpo desangrado mil gusanos nacerán;*
> *Cuando la muerte ponga fin a los males que sufrí.*
> *¡Vaya consuelo, para mi desolación . . . !*
> *¿Pero cómo concebir un Dios de infinita bondad,*
> *que prodiga a raudales el bien para sus amados hijos*
> *y, sin embargo, esparce también el mal a manos llenas? . . .*
> *Partículas atormentadas entre el lodo,*
> *engullidas por la muerte, para burla del destino.*[6]

En carta a un amigo, él expresó:

> Hallaremos difícil de descubrir cómo las leyes de
> movimiento operan en tan terribles desastres *en el
> mejor de todos los mundos posibles*, donde cientos de
> miles de hormigas, nuestros prójimos, son aplastadas
> en un segundo en nuestro hormiguero; la mitad de
> ellas pereciendo, sin duda, en angustia atroz, bajo
> escombros de los que ha sido imposible rescatarlas,
> familias en toda Europa reducidas a la indigencia, y
> fortunas de cientos de comerciantes . . . consumidas
> entre las ruinas de Lisboa.[7]

¡Continuó diciendo que esperaba que los inquisidores católicos fueran aplastados como todos los demás en el terremoto! Criticó severamente a los clérigos que pensaban que era un juicio divino sobre la ciudad. Pero Voltaire no había terminado aún. Procedió a escribir *Cándido*, la historia de un niño expulsado del paraíso que aún así creía que el mundo al cual había sido empujado era "el mejor de todos los mundos". Con sarcasmo e ingenio, Voltaire describe una tragedia tras otra, a medida que el niño continúa afirmando que todo es por el mejor fin.

Por ejemplo: Cándido encuentra a su filósofo favorito, el Dr. Pangloss (un seguidor de Leibniz), que cree que todas las cosas ocurren por necesidad y son para el mejor fin. Después de ver el terremoto de Lisboa, Pangloss dice: "Todo esto es para mejor; porque, si hay un volcán en Lisboa, no puede haberlo en ninguna otra parte; porque es imposible que las cosas no estén donde están; todo es para el mejor fin".[8]

Más tarde en la historia, los sabios del país deciden que los terremotos se pueden prevenir quemando a algunas personas a fuego lento. Así que estos sabios detuvieron a algunos judíos, a Cándido junto con su amigo filósofo, el Dr. Pangloss, y los encerraron en prisión por una semana. Luego los hicieron marchar por las calles con mitras sobre sus cabezas portando pinturas extrañas. Cándido es azotado mientras alguien canta un himno. Los judíos son quemados y Pangloss es ahorcado. En el mismo día, la tierra tiembla nuevamente de manera terrible.

Cándido, aterrorizado, atónito, desconcertado, sangrando

y tiritando se dice a sí mismo: "Si este es el mejor de todos los mundos posibles, ¿cómo son los otros? Podría dejar pasar el hecho de que fui azotado . . . pero ¡oh mi querido Pangloss! ¡El más grande de los filósofos! ¿Debo también verte colgado sin saber por qué?"[9]

Usted entiende la idea: A medida que el libro progresa, Cándido afirma que la violación, el robo, el asesinato, la bancarrota y otros indecibles sufrimientos humanos deben ser todos aceptados de forma optimista como el mejor de todos los mundos posibles. Con sarcasmo mordaz, Voltaire ridiculiza la noción de que Dios trabaja para el mejor fin, o que elija el mejor plan para el mundo. Voltaire llega a la conclusión de que el mal es irredimible, que no tenemos derecho a discernir un propósito más elevado para el sufrimiento y la tragedia. De esta manera, Voltaire acumuló desprecio hacia los cristianos que creían que Dios tenía seguramente un propósito legítimo en tales males.

Debemos hacer una pausa por un momento y preguntarnos: *¿Es éste el mejor de todos los mundos posibles?* Si decimos que sí, la respuesta parece estar, obviamente, equivocada. El paraíso sería el mejor de todos los mundos, no nuestro mundo con su sufrimiento, corrupción y tragedia sin fin.

Mirando a través de nuestra lupa, nadie podría decir, razonablemente, que este es el mejor de todos los mundos posibles. Si fuese así, entonces, en teoría, no podríamos mejorarlo. Sin embargo, el libro de Hebreos usa la palabra *mejor* trece veces y dice que los héroes bíblicos anhelaban una "patria mejor, es decir, la celestial" (Hebreos 11:16), y que Dios tiene planeado algo mejor para nosotros (ver v. 40). De ese modo, trabajamos duro para mejorar las cosas porque sabemos que este no es el mejor mundo posible.

Sin embargo, es difícil estar completamente satisfechos con tal respuesta. Este asunto es mucho más profundo de lo que nos parece inicialmente. La Biblia enseña que Dios creó todas las cosas para su propio deleite y su propia gloria. En ella encontramos: "En Cristo también fuimos hechos herederos, pues fuimos predestinados según el plan de aquel que hace todas las cosas conforme al designio de su voluntad" (Efesios 1:11). Si todas las cosas funcionan para la gloria de Dios, si ciertamente los detalles de la historia —junto con el mal natural y humano— contribuyen en su totalidad a su propósito eterno, ¿no sería acertado decir que este plan es el mejor, si sólo pudiésemos verlo desde el punto de vista de Dios? ¿Ve, Él, nuestras tragedias bajo una lupa diferente? ¿Podría haber una razón sabia y buena para la locura?

Voltaire tenía razón al decir que, desde nuestro punto de vista, este no es el mejor de todos los mundos posibles, pero estaba equivocado al asumir que no podía haber propósitos inescrutables en un terremoto. Como cristianos, creemos que Dios es capaz de usar las tragedias para el mejor de todos los propósitos y objetivos posibles. Dios no ha permitido que su creación se descontrole; Él debe tener una razón moralmente pertinente que justifique nuestro dolor y sufrimiento. Por lo tanto, aunque tenemos que mirar estos desastres a través de nuestros ojos, también debemos mirarlos a través de los ojos de Dios como está revelado en la Biblia. Nosotros vemos los acontecimientos desarrollarse en el tiempo, pero Dios los ve desde el punto de vista de la eternidad.

Obviamente, este es un tema al cual volveremos en un capítulo futuro.

La esperanza cristiana

De acuerdo a Voltaire, somos partículas atormentadas viviendo por unos segundos entre el lodo, por lo que no podemos entender los diseños de un Creador infinito. En esto tiene mucha razón, si es que rechazamos la Biblia como él lo hizo. Pero al hacerlo, nos quedamos sin promesas ni esperanza. Si no tenemos la Palabra del Creador, el mundo de la naturaleza resulta una realidad cruda, sin misterios por revelar. Al quedarnos solos, no podríamos descifrar el sentido de nuestra existencia, mucho menos el propósito del dolor. William James lo expresó honestamente cuando dijo que somos como perros en una biblioteca, vemos las letras pero somos incapaces de leer las palabras.

Pero cuando recurrimos a la Biblia, se nos ofrece discernimiento; no es que todas las preguntas tengan respuesta, pero por lo menos podemos ver que Dios no ha pasado por alto los defectos de su planeta. Él no es indiferente ni ignora lo que ha salido mal en la naturaleza. Para comenzar, hay una vasta diferencia entre el mundo que Dios creó originalmente y el que hace erupción con terremotos, aluviones de lodo e inundaciones. Algo está fuera de quicio y nuestro mundo espera que Dios lo arregle. Estamos viviendo en un planeta que fue perfecto pero que ahora es defectuoso. El pecado lo cambió todo.

Pablo lo expresó de esta manera en Romanos:

> De hecho, considero que en nada se comparan los sufrimientos actuales con la gloria que habrá de revelarse en nosotros. La creación aguarda con ansiedad la revelación de los hijos de Dios, porque fue sometida a la frustración. Esto no sucedió por su propia voluntad, sino por la del que así lo dispuso. Pero queda la firme esperanza de que la creación misma ha de ser liberada de la corrupción que la esclaviza, para así alcanzar la gloriosa libertad de los hijos de Dios. Sabemos que toda la creación todavía gime a una, como si tuviera dolores de parto.   **ROMANOS 8:18–22**

Pablo comienza diciendo que este sufrimiento presente no se puede comparar con la futura gloria de aquellos que conocen a Dios. El sufrimiento es redimible; el futuro compensará lo presente. El último capítulo todavía tiene que ser escrito. Las respuestas que nos eluden en esta vida podrían ser contestadas en la próxima.

Pablo entonces relaciona la maldición de la naturaleza con el pecado del hombre. Él destaca que el estado pecaminoso del hombre fue su propia obra, pero Dios sujetó la naturaleza a la maldición aun cuando no tuvo parte en la decisión: "porque fue sometida a la frustración. Esto no sucedió por su propia voluntad". La humanidad, ahora manchada por el pecado, no pudo vivir en un medio ambiente libre de pecado. Así la creación llegó a ser una víctima impersonal de la decisión personal que tomó Adán al rebelarse.

La naturaleza está maldita porque el hombre está maldito; el mal natural —si lo llamamos así— es por consiguiente un reflejo del mal moral porque ambos son salvajes, crueles y perjudiciales. La naturaleza no es tan mala como lo podría ser: A la lluvia le sigue la luz del sol,

> Hay una vasta diferencia entre el mundo que Dios creó originalmente y el que hace erupción con terremotos, aluviones de lodo e inundaciones.

a un maremoto le sigue la calma y a un terremoto, eventualmente, le sigue la quietud. Así también nosotros, como seres humanos, no somos tan malos como lo podríamos ser. Somos una mezcla de bien y de mal, y con mucha frecuencia el mal lleva la delantera. La naturaleza es, en consecuencia, un espejo en el cual nos vemos reflejados a nosotros mismos.

Al considerar el huracán Katrina, deberíamos ver reflejado en él todo lo negativo de la naturaleza humana; poderosa, despiadada e imprevisiblemente cruel. En una época tan indiferente al pecado, los desastres naturales sostienen un espejo que nos muestra cómo Dios ve nuestros pecados. El pecado siempre deja una estela de muerte y destrucción con consecuencias continuas y dolorosas. Tanto el mundo físico como la humanidad esperan la liberación que sólo Dios puede lograr.

Podemos participar en una lucha contra la naturaleza porque estamos armados con el conocimiento de que este mundo no es normal; ya no es lo que fue alguna vez. Entonces peleamos contra la enfermedad, sometemos a la cizaña y usamos combustible para calentar nuestros hogares. Cooperamos con la naturaleza cuando podemos y la dominamos para nuestro beneficio. De la misma manera, también luchamos contra el pecado en nuestras vidas, en nuestra nación y en nuestro mundo. Luchamos contra la maldición dondequiera que se encuentre.

> Dios ha prometido transformar este mundo presente removiendo la maldición del pecado y dando lugar a una eternidad de ecuanimidad y justicia suprema.

La creación "aguarda con ansiedad" su liberación. La palabra griega usada en estos versículos describe apropiadamente la actitud de un hombre que escudriña el horizonte buscando el primer atisbo de un amanecer glorioso.[10] La naturaleza es representada como si anduviese en puntas de pie, esperando su propia liberación de la maldición. Algún día "ha de ser liberada de la corrupción que la esclaviza, para así alcanzar la gloriosa libertad de los hijos de Dios". Dios no permitirá que la gente redimida viva en un entorno irredento. Así, cuando el pueblo de Dios sea redimido completa y finalmente, la naturaleza hará lo propio. Se avecinan días mejores.

Podemos estar de acuerdo con Voltaire en un punto: Desde nuestra perspectiva, este no es el mejor de todos los mundos posibles. Pero también afirmamos, contundentemente, que Dios ha prometido transformar este mundo presente removiendo la maldición del pecado y dando lugar a una eternidad de ecuanimidad y justicia suprema. Tenemos la posibilidad de semejante esperanza sólo si un Dios inteligente y poderoso está detrás de lo que vemos en las pantallas de televisión cuando una ciudad yace en ruinas.

Viento, lluvia y una casa derrumbada

El terremoto de Lisboa dividió a Europa entre la tierra y el cielo.[11] Por un lado, la tragedia estimuló el interés por el consuelo de la religión, especialmente la fe cristiana. La asistencia a la iglesia se incrementó y la gente estuvo más propensa a poner atención en la eternidad y en ser leal a la iglesia y a Dios. Pero también incentivó el desarrollo del naturalismo y el desarrollo de la Ilustración secular.

El gran filósofo Emmanuel Kant escribió un libro acerca del desastre y llegó a la conclusión de que los terremotos podían ser explicados científicamente usando la física y la química. Argumentaba que no había necesidad de traer a Dios a la discusión sobre la causa del terremoto, afirmando que Dios era necesario para aquello que no se podía explicar; pero que era absolutamente innecesario una vez que se había determinado que el comportamiento de la naturaleza era el resultado de varias leyes físicas naturales de cuerpos en movimiento.

El sismo de Lisboa planteó el tomar una decisión: Los de pensamiento celestial fueron motivados a consagrarse aún más a sus compromisos religiosos; los de pensamiento terrenal se inclinaron más por explicar todo lo concerniente a la vida sin tener que hacer referencia a un Dios que interactuaba con el mundo. En otras palabras, la gente tomó la decisión de volverse a Dios o la de alejarse de Él con desilusión y enojo. Aquellos que se alejaron lo hicieron porque confiaban más en sus propias opiniones que en las de la Biblia.

Los desastres naturales tienen una manera de dividir a la humanidad desentrañando nuestros valores y carácter. Tienen una manera de revelar nuestros amores secretos y convicciones personales. Jesús contó una historia acerca de un desastre natural que dejó al descubierto las vidas íntimas de dos vecinos.

> Por tanto, todo el que me oye estas palabras y las pone en práctica es como un hombre prudente que construyó su casa sobre la roca. Cayeron las lluvias, crecieron los ríos, y soplaron los vientos y azotaron aquella casa; con todo, la casa no se derrumbó porque estaba cimentada sobre la roca. Pero todo el que me oye estas palabras y no las pone en práctica es como un hombre insensato que construyó su casa sobre la arena. Cayeron las lluvias, crecieron los ríos, y soplaron los vientos y azotaron aquella casa, y ésta se derrumbó, y grande fue su ruina.   **MATEO 7:24-27**

Considere que en una hermosa tarde soleada, estas dos casas parecen idénticas. Sólo el viento poderoso hizo la distinción entre las dos. Los desastres ponen en claro nuestros

valores, desafían nuestra fe y revelan quienes somos realmente. Si estamos arraigados en las promesas de Jesús, podemos resistir. Si no, seremos arrastrados por nuestras propias
filosofías humanas e interpretaciones estrechas.

Para aquellos que se encuentran relacionados vagamente
con Dios —Dios como una idea, Dios como concepto, Dios
como último recurso en la dificultad— los desastres naturales
son sólo una razón para dudar de Dios y de su cuidado. Pero
para aquellos que han probado a Dios por su Palabra y sus promesas, su fe sobrevivirá la embestida de los desastres pasados
así como también la de aquellos por venir.

Esta breve introducción a los desastres naturales tiene dos
propósitos: Primero, debemos estar alerta para no interpretar
rápidamente estos eventos con nuestra perspectiva de lo que
Dios está tramando. Ya hemos aprendido que la gente siempre
le dará a estos desastres una interpretación compatible con su
religión, su entendimiento del pecado y sus propias convicciones de lo que piensan que Dios debería hacer. Evitemos estos
extremos.

Pero tampoco vayamos al otro extremo y hablemos como si
la Biblia permaneciera en silencio acerca de estos asuntos. Difiero con lo expresado por el teólogo ortodoxo oriental David
B. Hart al ser citado por el periódico *Wall Street Journal* diciendo que no tenemos derecho a "lanzar banalidades aberran-
tes acerca de los inescrutables consejos de Dios o a proferir
sugerencias injuriosas de que todo esto sirve misteriosamente
a los buenos propósitos de Dios".[12]

Si los desastres naturales no sirven a los buenos propósitos de Dios, entonces estamos enfrentados con un Dios que, o bien es muy débil para hacer que el mal sirva a fines más elevados, o muy malo para hacer lo que es bueno y justo. Sí, hay un gran peligro al afirmar que sabemos mucho acerca del propósito de Dios. Pero también hay peligro al permanecer en silencio; al no compartir lo que la Biblia nos permite decir acerca de estos eventos horribles. Los desastres naturales tienen un importante mensaje que no debemos ignorar.

Segundo, debemos darnos cuenta que preguntar por qué suceden los desastres naturales es similar a preguntar por qué muere la gente. Seis mil personas mueren por hora en este planeta, la mayoría de ellos en angustia, casi como aquellos que mueren en un terremoto o un tsunami. Muchos más niños mueren de hambre cada día que el número total de gente que murió cuando el huracán Katrina golpeó la Costa del Golfo. La única razón por la que los desastres naturales atraen nuestra atención es porque intensifican de manera dramática la ocurrencia diaria de la muerte y de la destrucción. Así como la muerte, los desastres naturales permanecerán con nosotros hasta que Dios transforme el orden actual. Como explicaré más adelante, el peor desastre natural aún está por venir.

En el próximo capítulo nos ocuparemos de la pregunta acerca de la relación de Dios con los desastres. ¿Son actos de Dios? ¿Deberíamos proteger la reputación de Dios diciendo que los desastres son simplemente el resultado de una naturaleza caída? ¿O deberíamos culpar al demonio por estos hechos? Además, ¿cuáles son las implicancias de nuestras respuestas?

PREGUNTAS PARA DISCUSIÓN

---

1. ¿Piensa usted que Dios quiere que busquemos respuestas con respecto al plan de Dios y a los desastres naturales?

2. ¿De qué manera piensa que los desastres naturales reflejan el lado malo de la naturaleza humana?

3. ¿Cómo pueden los desastres naturales "desentrañar nuestros valores y carácter" revelando nuestra vida íntima?

4. ¿Qué piensa de la idea de Emmanuel Kant de que si los desastres naturales pueden ser explicados por las leyes naturales, es innecesario traer a Dios al debate?

CAPÍTULO 2

¿ES DIOS RESPONSABLE?

Me contaron que después de un terremoto en California, un grupo de ministros se reunió para un desayuno de oración. Mientras hablaban acerca de autopistas intransitables y edificios arruinados, se pusieron de acuerdo en que, por motivos de orden práctico, Dios no había tenido nada que ver con este desastre. La tierra está caída, concluyeron, de manera que los terremotos ocurren simplemente de acuerdo a ciertas leyes del orden natural. Sin embargo, de manera sorprendente, cuando uno de los ministros concluyó la reunión en oración, *agradeció a Dios* por el momento tan oportuno —cinco en punto de la mañana— en que sobrevino el terremoto; momento en que había menos automóviles en las autopistas que a otras horas del día y cuando las veredas estaban mayormente vacías. Cuando finalizó la oración, sus colegas respondieron armoniosamente con un vigoroso "Amén".

Entonces, ¿Tuvo Dios algo que ver con el terremoto o no? ¿Por qué debería alguien agradecer a Dios por el momento oportuno de un terremoto si Él es sólo un "observador interesado"? ¿Por qué deberíamos orar alguna vez para ser salvados de tal calamidad si Dios no está directamente relacionado con lo que está ocurriendo en este mundo caído?

Intuitivamente, la gente sabe que Dios está en control.

"¡No, Dios! ¡No, Dios! ¡No, Dios!"

Esas son las palabras de un hombre que aparentemente pensó que Dios tenía *algo* que ver con el huracán Katrina. Era uno de los muchos que oraba mientras subía a su ático para esperar que pasaran las inundaciones y la tormenta. Mucha gente que no había orado en años (si acaso oraron alguna vez) pedía ayuda a Dios cuando golpeaba la tragedia.

Los tornados son muy frecuentes en ciertas áreas de los Estados Unidos. En 1999, cientos de familias sin hogar buscaban entre los escombros luego que docenas de furiosos tornados azotaron Oklahoma y algunas regiones de Kansas. Una enorme nube con forma de embudo se deslizó a través de la tierra por cuatro horas, matando por lo menos a cuarenta y tres personas, destruyendo más de mil quinientos hogares y cientos de negocios. Esa tormenta fue clasificada con la categoría F5, el más poderoso tornado que existe, con vientos de más de cuatrocientos kilómetros por hora.[1]

Las estadísticas, por sí solas, carecen de sentido. Pero piense en un niño de dos años siendo arrancado de los brazos de su padre, arrojado decenas de metros por el aire antes de chocar contra el suelo. O imagine un padre que se arrastró hasta un refugio contra tornados sólo para morir ahogado cuando este se llenó de agua.

El maremoto del 2004 también inflingió sufrimiento terrible en una población desprevenida. Pero no he leído relato más conmovedor de la agonía experimentada por sobrevivientes, que esta historia de un terremoto en Turquía hace ya varios años. Al leer este relato, no podemos evitar sentir la angustia:

> La elección es entre dos tipos de infierno: uno en donde usted yace envuelto en mantas empapadas en un campo cenagoso o en el suelo de un bosque bajo la lluvia; el otro, aquel donde puede encontrar refugio sobre el pavimento de las ciudades y dormir entre las ruinas donde las ratas abundan y los muertos aún yacen por miles.
>
> La gente perdida de este devastado corredor industrializado de doscientas millas en el noroeste de Turquía ha tomado una decisión. Van hacia las colinas en un número cada vez mayor. Aterrorizados y traumatizados al punto en que apenas pueden sentir pena alguna por aquellos que han muerto, tienen un sólo pensamiento, marcharse de estos lugares detestables a los que alguna vez llamaron hogar.
>
> Con el paso de cada hora, los que una vez fueron poblados bulliciosos están siendo evacuados, luego que más de 250.000 personas han aceptado que la vida allí ya no es posible. Fue tan grande el daño que cuatro poblados importantes . . . tuvieron que ser demolidos.

Ni una sola casa, en una cadena de comunidades que
se extiende desde Estambul hasta Adapazari, está en
condiciones de ser habitada . . .

Ayer, nuevamente llovió sin parar. Aquellos que aún
permanecían aquí se cubrieron con bolsas negras de
basura y sábanas, o bien vagaron como fantasmas
blancos y negros o trataron de dormir donde podían.[2]

Antes que abordar el rol de Dios en estas tragedias, deberíamos hacer una pausa y lamentarnos por el dolor horrendo
que la gente experimenta en este planeta. Como Jeremías, el
profeta de las lamentaciones, nos encontramos diciendo: "Le-
vántate y clama por las noches, cuando empiece la vigilancia
nocturna. Deja correr el llanto de tu corazón como ofrenda
derramada ante el Señor. Eleva tus manos a Dios en oración
por la vida de tus hijos, que desfallecen de hambre y quedan
tendidos por las calles" (Lamentaciones 2:19-20a).

Simplemente, no podemos comprender la magnitud de semejantes desastres. Pensamos en los maremotos de 1998 en
Honduras que mataron a veinticinco mil personas y dejaron a
medio millón sin hogar. El mes de diciembre siguiente, aluviones de barro mataron en Venezuela a aproximadamente cincuenta mil personas en unos pocos días. Por televisión vemos la
pobreza, los huérfanos, el agua sucia y las ciudades devastadas.
Después de unos pocos días los boletines informativos decre-
cen, mas la gente perturbada, que Dios la bendiga, vive con la
tragedia por el resto de su vida.

¿Deberíamos absolver a Dios
de la responsabilidad?

Debido a que los desastres por sí mismos parecen dar una imagen desfavorable de Dios, es comprensible que mucha gente
—me refiero a los cristianos— quiera absolver a Dios de todas
y cada una de las responsabilidades por estos horribles acontecimientos. Dicho claramente, quieren "rescatarlo de una
situación difícil" a fin de conservar su imagen bondadosa. Tratando de proteger su reputación, muchos han intentado poner
la mayor distancia posible entre la naturaleza y Dios. Algunos
lo hacen así hablando de Dios como si fuese un espectador
afectuoso. Otros presentan un Dios débil que puede hacer
poco acerca de las calamidades o un Dios que es superado por
el demonio.

Comencemos por aquellos que han optado por un Dios débil, una deidad que aparentemente es incapaz de prever que
nuestro planeta es golpeado por una calamidad tras otra. Tony
Campolo teme que si decimos que Dios es responsable por los
desastres naturales, o que Él los permite por un propósito más
elevado, ahuyentaremos a la gente de la fe cristiana. Dice que
puesto que Dios no es el autor del mal, haríamos bien en escuchar a aquellos como el rabino Harold Kushner "que opina que
Dios no es realmente tan poderoso como hemos afirmado. En
ninguna parte de las Escrituras hebreas se dice que Dios es omnipotente. Kushner señala que la omnipotencia es un concepto
filosófico griego, pero que no está en su Biblia. En cambio, la
Biblia hebrea asevera que Dios es poderoso. Eso significa que

Dios es una fuerza en el universo mayor que todas las otras fuerzas combinadas".

Campolo señala a la Biblia hebrea, la cual él cree que dice que Dios es poderoso pero no omnipotente. Esto crea una lucha cósmica entre las fuerzas de las tinieblas y las fuerzas de la luz. Las buenas noticias son que Dios ganará al final, pero por ahora: "Cuando las inundaciones barrieron con la costa del golfo", dice Campolo, "Dios fue el primero en llorar".[3]

Estoy de acuerdo con Campolo en que una declaración simplista acerca del sufrimiento como parte del plan de Dios, no ofrecerá consuelo inmediato al afligido. Tales respuestas carentes de compasión y comprensión humana alejarán a la gente de Dios en lugar de acercarlos a Él. A veces es mejor permanecer en silencio, sin pretender el tratar de defender a Dios; tratando más bien de *actuar* benévolamente de su parte. Más adelante en este libro, abordaremos con más detalle cómo podemos ayudar a las víctimas a interpretar las calamidades. Pero debo decir que si el sufrimiento humano no es parte del plan divino de Dios, necesitamos ser muy temerosos, puesto que no sabemos qué más está yendo mal en su universo que no es parte de su plan.

Tony Campolo me recuerda a William James, el famoso educador estadounidense, que enseñó que el mal existía porque Dios no podía vencerlo; pero quizás con nuestra ayuda, lo vencería eventualmente y la luz causaría que las tinieblas se desvanezcan. Desafortunadamente, James, siendo un humanista, no pudo darnos la seguridad de que Dios ganará, ya que

parece que los poderes en conflicto están más bien uniforme-
mente balanceados.

Talvez haya escuchado de la controversia llamada la "apertura de Dios" que ha dividido a los evangélicos. Algunos
sostienen que el futuro está "abierto" a Dios porque su conocimiento es limitado. Afirman que Él no sabe de antemano
qué es exactamente lo que va a ocurrir en un momento dado.
Nuestras decisiones le son particularmente desconocidas,
dado que somos agentes libres y ni siquiera Él sabe qué es lo
que vamos a decidir hasta el instante en que hacemos nuestra
elección. Tampoco Él puede saber (dicen ellos) cómo se
comportarán las fuerzas de la naturaleza hasta que lo hacen;
Él observa lo que ocurre de la misma manera en que nosotros
lo hacemos. En esta interpretación de la Biblia, Dios se habría sorprendido de lo que sucedió cuando golpeó el huracán
Katrina y simplemente habría llorado hasta que hubiese decidido qué hacer.

Exactamente así, Tony Campolo escribe sobre un Dios que
no es omnipotente y que debe ocuparse de Katrina a posteriori
como mejor pueda; un Dios que llora pero que necesita tiempo
para actuar. ¿Cómo podemos confiar en un Dios así? Sin duda,
Campolo nos asegura que Dios ganará al final, pero, ¿cómo
puede él estar seguro? Si Dios está indefenso frente a un huracán, ¿cuán confiados podemos estar que, al final, Él doblegará
todas las fuerzas de la naturaleza y del mal? Creer que Dios es
finito podría liberarlo de responsabilidad por Katrina, pero al
mismo tiempo pone en peligro las victorias finales. Si lo mejor

que puede hacer por nosotros es llorar, somos proclives a llorar con Él y quizás aún *por* Él.

Más específicamente: ¿No enseña el Antiguo Testamento que Dios es omnipotente? Sería ciertamente extraño que el Dios que creó el mundo fuese incapaz de dominarlo. Seguramente un Dios meramente poderoso podría haber prevenido cualquier tipo de desastre natural. Inclusive si el Antiguo Testamento no fuese claro en cuanto al poder de Dios (que sí lo es), ¿no es el Nuevo Testamento categórico en este punto? Sugerir a un Dios impotente, que sólo puede llorar, resulta difícilmente reconfortante y tampoco es bíblico.[4]

Existe una segunda manera en la que algunos cristianos tratan de excluir a Dios de su participación en los desastres naturales. Enseñan que hay que culpar al demonio por las calamidades. Dios no es responsable por lo que ocurre. Él creó al mundo y le permite funcionar de acuerdo a ciertas leyes, dicen ellos; la naturaleza está caída y Satanás, quien es el dios de este mundo, es el que causa estragos al orden natural.

Ya hemos aprendido que la naturaleza está caída: "Al hombre le dijo: 'Por cuanto le hiciste caso a tu mujer, y comiste del árbol del que te prohibí comer, ¡maldita será la tierra por tu culpa! Con penosos trabajos comerás de ella todos los días de tu vida. La tierra te producirá cardos y espinas, y comerás hierbas silvestres'" (Génesis 3:17-18). Cierta vez escuché una historia acerca de un hombre que pasó gran parte de su tiempo embelleciendo el paisaje y cuidando un jardín de flores. Un amigo fue a visitarlo, admiró el lugar y dijo: "¡Oh, qué maravilla ha creado Dios aquí!" A lo cual el jardinero respondió: "Pues sí, ¡pero deberías haber visto lo que parecía cuando sólo Dios lo tenía bajo su cuidado!" Es verdad: Si queremos embellecer y dar simetría a esta tierra maldita, debemos cuidar el jardín constantemente.

La Escritura apoya claramente la idea de que la naturaleza está caída y de que Satanás podría estar ciertamente involucrado en los desastres naturales. Tenemos un ejemplo preciso en el libro de Job, cuando Dios le dio a Satanás el poder de aniquilar a los hijos de Job. Actuando bajo la dirección y las limitaciones establecidas por Dios, Satanás usó rayos para matar a las ovejas y a los criados, y una tormenta de viento para matar a los diez hijos de Job. Aquí está la prueba, si se necesita de prueba alguna, que los poderes satánicos podrían estar indudablemente relacionados con los desastres naturales que afligen nuestro planeta.

¿Qué conclusión deberíamos sacar de esto? ¿Significa entonces que Dios está separado de la naturaleza? ¿Tiene Él realmente una "política de no intervención" cuando se trata de estas tragedias? ¿Absuelve esto a Dios de la responsabilidad? Claramente, la respuesta es *no*.

Debemos reflexionar cuidadosamente en este momento. Debemos distinguir entre la causa *inmediata* de estos eventos y la causa *final*. La causa inmediata del viento y de los rayos que mataron a los hijos de Job fue el poder de Satanás. Pero preste mucha atención: Fue Dios quien le dio a Satanás el poder de hacer estragos y fue Dios quien estableció los límites de lo que Satanás podía hacer o no. Por eso Job, con razón, no atribuyó la muerte de sus hijos al demonio sino más bien dijo: "Entonces dijo: 'Desnudo salí del vientre de mi madre, y desnudo he de partir. El Señor ha dado; el Señor ha quitado. ¡Bendito sea el nombre del Señor!'"

Desde el punto de vista natural, la causa inmediata de un terremoto es una falla debajo de la corteza de la tierra; específicamente, la parte superior de la corteza terrestre se mueve en una dirección mientras que las placas inferiores se mueven gradualmente en la dirección opuesta. Las causas inmediatas de un tornado son las condiciones atmosféricas inestables combinadas con aire cálido y húmedo. Un huracán se forma cuando una gran masa de aire se calienta y se aviva por el calor del océano. Todos estos patrones meteorológicos podrían no recibir sus ímpetus de Satanás, no obstante podemos estar seguros de que la causa final de estos acontecimientos es Dios. Él gobierna la naturaleza ya sea directamente o a través de causas secundarias, pero de cualquier manera, Él está a cargo. Después de todo, es el Creador, el Sustentador de todas las cosas. Podemos cantar con Isaac Watts,

> *No hay planta o flor debajo,*
> *sino la que pone de manifiesto tu gloria;*

> Él gobierna la naturaleza ya sea directamente o a través de causas secundarias, pero de cualquier manera, Él está a cargo.

las nubes se levantan y resoplan las tempestades,
por orden de tu trono.

Dios no ha relegado las calamidades al demonio, sin conservar una estricta supervisión y el control supremo de la naturaleza. Ningún terremoto viene, ningún tornado arrasa y ningún maremoto arrastra poblados sin que Dios le ponga su firma.

Primero, muchos teólogos que están de acuerdo en que Dios está a cargo de la naturaleza ponen énfasis en que Dios no *ordena* los desastres naturales sino que solamente *permite* que ocurran. Esto podría ser una terminología útil, especialmente porque en el libro de Job, Dios le permite a Satanás causar desastres para probar a Job. Sin embargo, tenga en cuenta que Dios, quien permite que ocurran los desastres naturales, podría optar por *no* permitir que ocurran. En el mismo acto de permitirlos, Él demuestra que están dentro de los límites de su providencia y voluntad. Martín Lutero tenía razón cuando dijo que aun el demonio es el demonio de Dios.

Segundo, y esto es importante, Dios es conceptualizado a veces como estando en control de la naturaleza, incluso sin las causas secundarias. Cuando los discípulos no sabían qué hacer y esperaban ahogarse en un mar tempestuoso, Cristo despertó de su siesta y le ordenó al mar: "¡Silencio! ¡Cálmate!" El efecto fue inmediato: "El viento se calmó y todo quedó completamente tranquilo" (Marcos 4:39).

El mismo Cristo pudo haber dicho palabras similares al

maremoto en Honduras o a la lluvia que provocó los aluviones de barro en Venezuela, y ellos le habrían obedecido. Por la
palabra de Cristo, el maremoto en el sudeste asiático habría
terminado antes de comenzar. Note cómo las Escrituras atri-
buyen los maremotos a Dios. "Dios construye su excelso pala-
cio en el cielo y pone su cimiento en la tierra, llama a las aguas
del mar y las derrama sobre la superficie de la tierra: su nombre es el Señor" (Amos 9:6).

Tercero, si los cielos declaran la gloria de Dios, si es verdad
que el Señor revela sus atributos a través del lado positivo de
la naturaleza, ¿No es razonable pensar que las calamidades de
la naturaleza también revelen algo acerca de sus otros atributos? No existe indicio en la Biblia de que Dios, quien creó las
estrellas y las mantiene en línea, esté de alguna manera separado de la naturaleza. Si la naturaleza nos va a dar una imagen
equilibrada de Dios, también debemos ver su juicio. "El Señor hace todo lo que quiere en los cielos y en la tierra, en los
mares y en todos sus abismos. Levanta las nubes desde los
confines de la tierra; envía relámpagos con la lluvia y saca de
sus depósitos a los vientos" (Salmos 135:6-7).

Volveremos a revisar esta idea en el siguiente capítulo.

Las calamidades en la Biblia

Luego del maremoto, le preguntaron a un supuesto clérigo
cristiano si Dios había tenido algo que ver con el desastre.
"No", respondió. "La pregunta de por qué ocurrió esto re-
quiere una respuesta *geológica*, no una respuesta *teológica*."

¿Está leyendo él la misma Biblia que yo? ¿O habiéndola leído simplemente ha decidido no creer?

¿Quién envió la inundación durante el tiempo de Noé? Dios dijo: "Porque voy a enviar un diluvio sobre la tierra, para destruir a todos los seres vivientes bajo el cielo. Todo lo que existe en la tierra morirá" (Génesis 6:17). Dios determinó el momento, la duración y la intensidad de la lluvia. Y ocurrió de acuerdo a su Palabra. Habría sido difícil convencer a Noé de que Dios no tenía nada que ver con el clima, y que lo mejor que Él podía hacer sería llorar frente a la inundación.

¿Quién envió las plagas a Egipto, el granizo y las tinieblas que se podían sentir? ¿Quién causó que el sol se detuviera de manera que Josué pudiera ganar una guerra? ¿Quién selló los cielos durante el tiempo de Elías y trajo la lluvia en respuesta a su oración? ¿Quién envió un terremoto cuando los hijos de Coré se revelaron contra Moisés? Este acontecimiento es especialmente interesante:

> Tan pronto como Moisés terminó de hablar, la tierra se abrió debajo de ellos; se abrió y se los tragó, a ellos y a sus familias, junto con la gente y las posesiones de Coré. Bajaron vivos al sepulcro, junto con todo lo que tenían, y la tierra se cerró sobre ellos. De este modo fueron eliminados de la comunidad.
> **NÚMEROS 16:31-33**

¿Puede alguien decir que Dios no es la causa final de estos desastres?

El escritor bíblico no deja dudas sobre quien causó la tormenta que forzó a los marineros a arrojar por la borda a Jonás. "Pero *el SEÑOR* lanzó sobre el mar un fuerte viento, y se desencadenó una tormenta tan violenta que el barco amenazaba con hacerse pedazos" (Jonás 1:4, letra cursiva agregada). Los marineros estaban desesperados por deshacerse de su carga indeseable, pues leemos: "Así que tomaron a Jonás y lo lanzaron al agua, y la furia del mar se aplacó" (v. 15). Parece que la Biblia no está tan preocupada por la reputación de Dios como lo están algunos teólogos. Pone a Dios claramente a cargo del viento, la lluvia y las calamidades de la tierra.

¿Qué tienen en común todas estas historias? Primero, notamos que Dios está involucrado meticulosamente. Ya sea un terremoto, un viento furioso o una lluvia torrencial, los eventos vinieron y se fueron de acuerdo a la Palabra de Dios. Segundo, estos fueron, en su mayor parte, actos de juicio. Fueron los medios por los que Dios expresó su odio a la desobediencia. En los tiempos del Antiguo Testamento, estos juicios generalmente separaban a los justos de los malvados (este no es el caso en la actualidad, como veremos en el siguiente capítulo). Sin embargo, aun en aquel entonces, los justos también eran víctimas de estos juicios. Los hijos de Job fueron aniquilados, no porque fueran malvados, sino porque Dios quería probar a su padre.

Por otra parte, deberíamos notar también que tanto en el Antiguo como en el Nuevo Testamento, Dios envió un terremoto para *ayudar* a su pueblo. En el curso de la batalla, Jonatán, el hijo de Saúl, mató a un filisteo y leemos: "Cundió entonces el pánico en el campamento filisteo y entre el ejército que estaba en el campo abierto. Todos ellos se acobardaron, incluso los soldados de la guarnición y las tropas de asalto. *Hasta la tierra tembló, y hubo un pánico extraordinario*" (1 Samuel 14:15, énfasis agregado).

Y en el Nuevo Testamento, un terremoto liberó de la prisión a Pablo y a Silas. "A eso de la medianoche, Pablo y Silas se pusieron a orar y a cantar himnos a Dios, y los otros presos los escuchaban. De repente se produjo un terremoto tan fuerte que la cárcel se estremeció hasta sus cimientos. Al instante se abrieron todas las puertas y a los presos se les soltaron las cadenas" (Hechos 16:25-26).

Los terremotos llevan la firma de Dios.

Pero si aún hay alguna duda en su mente de que Dios tiene el control supremo sobre la naturaleza, permítame preguntarle: ¿Ha orado alguna vez para que haya buen tiempo para una boda? ¿Ha orado alguna vez por lluvia en tiempo de sequía? ¿Ha orado alguna vez pidiendo protección durante una tormenta intensa? Mucha gente que afirma que Dios no tiene control sobre el clima cambia de opinión cuando una nube con forma de embudo viene hacia ellos. Podemos tratar de distanciar a Dios de estos acontecimientos, pero al momento que inclinamos nuestras cabezas para orar, estamos reconociendo que Él está a cargo.

Los ministros en San Francisco tenían razón al agradecer a Dios de que el terremoto vino temprano en la mañana cuando había poco tránsito en las autopistas. Sin embargo, estaban equivocados al decir que Dios no era responsable por la tragedia. Por supuesto que lo fue. No puede haber otra manera, ya sea bíblica o lógicamente.

> Mucha gente que afirma que Dios no tiene control sobre el clima cambia de opinión cuando una nube con forma de embudo viene hacia ellos.

Más importante aún, si la naturaleza no está en las manos de Dios, entonces yo tampoco estoy en las manos de Dios porque podría ser víctima de la naturaleza y así morir aparte de su voluntad intencional y de su propósito. Jesús, sin embargo, asegura a sus hijos que están seguros dentro de los detalles de su cuidado providencial. "¿No se venden cinco gorriones por dos moneditas? Sin embargo, Dios no se olvida de ninguno de ellos. Así mismo sucede con ustedes: aún los cabellos de su cabeza están contados. No tengan miedo; ustedes valen más que muchos gorriones" (Lucas 12:6-7). El Dios que se preocupa por los lirios del campo y por los pequeños gorriones está totalmente a cargo de la naturaleza.

¿Nos atreveremos a acusar a Dios por el mal?

Pero si Dios es la causa suprema de todas las cosas, ¿nos atreveremos a acusarlo por el mal? ¿No son todas sus dádivas buenas, perfectas y útiles? ¿Cómo puede Dios ser bueno cuando permite (o hace) cosas que parecen tan destructivas y dañinas a los seres humanos? Seguramente si tuviésemos el poder para prevenir un terremoto, si pudiéramos detener un maremoto, lo habríamos hecho. Piense en los niños que se convierten en huérfanos cuando ocurre un desastre natural, así como también las nuevas viudas, los recursos agotados y las nuevas tumbas. ¿Tiene Dios que ser culpado?

Como se mencionó previamente, los desastres naturales no son malos en el sentido usual del término. Si sucede un maremoto en medio del océano y no nos afecta, no lo catalogaríamos como un acontecimiento maligno. Los desastres son considerados malos cuando somos afectados porque causan el sufrimiento humano.

No obstante, debemos encarar la pregunta con honestidad, ¿debería ser culpado Dios por semejantes desastres destructivos que crean incomprensible sufrimiento humano? La palabra *culpa* implica transgresión y no creo que tal palabra debiera ser aplicada jamás al Todopoderoso. Decir que Dios es responsable por los desastres naturales podría no ser lo mejor, puesto que la palabra *responsabilidad* implica usualmente la obligación de rendir cuentas. Sin embargo, Dios no le rinde cuentas a nadie. "Nuestro Dios está en los cielos y puede hacer lo que le parezca" (Salmos 115:3). Es mejor, creo yo, decir simplemente que Dios está en control de lo que sucede en su planeta, ya sea directamente o a través de causas secundarias.

Comencemos por aceptar, francamente, que Dios se rige por reglas diferentes. Si usted estuviese de pie junto a una piscina y viese caer un niño pequeño pero no lo rescata, su negligencia sería causa suficiente para un proceso judicial. Sin embargo, Dios ve a los niños ahogarse, o para el caso, morir de hambre cada día, y no interviene. Él envía sequía a los países de África, creando escasez de comida; envía maremotos que destruyen hogares y cosechas.

Estamos obligados a mantener vivas a las personas tanto como sea posible, pero si Dios tuviese que atenerse a ese estándar, nadie moriría jamás. Él podría mantener viva a toda la población del mundo indefinidamente. Lo que para nosotros sería algo criminal, para Dios es un acontecimiento de todos los días.

¿Por qué la diferencia? Él es el Creador; nosotros somos las criaturas. Debido a que es el Creador de vida, también tiene el derecho para quitarla. Él tiene una agenda a largo plazo que es mucho más compleja que mantener viva a la gente tanto como sea posible. La muerte y la destrucción son parte de su plan. "Porque mis pensamientos no son los de ustedes, ni sus caminos son los míos afirma el Señor. Mis caminos y mis pensamientos son más altos que los de ustedes; ¡más altos que los cielos sobre la tierra!" (Isaías 55:8-9).

No todos los Diez Mandamientos se aplican a Dios. Por ejemplo: No puede robar porque lo posee todo. Al no tener madre ni padre, Él debe necesariamente honrarse a sí mismo. Dios no mata súbitamente a una persona a menudo, sino a través de una enfermedad, un desastre y varias otras calamidades. "Quita la vida humana" habitualmente, diariamente, a cada hora.

El famoso filósofo John Stuart Mill escribió que los desas-

tres naturales prueban que Dios no puede ser bueno y omnipotente, porque si lo fuese, el sufrimiento y la felicidad serían
dispensados al mundo meticulosamente, otorgándole a cada
uno exactamente lo que merece. Dado el carácter aleatorio de
los desastres naturales, escribe Mill: "ni aun en la más distor-
sionada y limitada teoría del bien, formulada alguna vez por el
fanatismo religioso o filosófico, puede compararse jamás el
gobierno de la naturaleza a la obra de un ser bueno y omnipotente".[5]

Sin embargo, Mill olvida un segundo principio: que los
premios y castigos no son repartidos en esta vida. Ciertamente, las Escrituras enseñan que a menudo los justos pade-
cen las calamidades más espantosas. Dios siempre actúa
desde el punto de vista de lo eterno en lugar de lo temporal y
todas sus decisiones tienen una perspectiva de lo infinito. Si
pudiese imaginar una cinta de medir que llega hasta la estre-
lla más lejana, el planeta Tierra sería sólo una línea tan fina
como un cabello en esa cinta. De esa manera, lo que vemos
desde el punto de vista del tiempo, Dios lo ve en el vasto pa-
norama de la eternidad. Habrá tiempo de sobra para castigos
y recompensas.

Creemos que Dios tiene un propósito bueno y sabio para
las tragedias desgarradoras que traen los desastres. Hablando
del terremoto en Turquía que se llevó miles de vidas, John Piper dice: "[Dios] tenía cientos de miles de propósitos, la mayoría de los cuales permanecerán ocultos para nosotros hasta que
seamos capaces de comprenderlos en el fin de los tiempos".

Para algunos, el propósito de Dios es que la fecha señalada para el juicio final ha llegado; para los sobrevivientes hay una misericordia extendida como consecuencia de prioridades dispuestas de otro modo y un nuevo enfoque en lo que realmente importa. La mujer que dijo que había perdido todo excepto a Dios durante el huracán Katrina, probablemente habló por cientos de miles de personas que se volvieron al Todopoderoso en su desesperación más absoluta.

Dios no se deleita en el sufrimiento de la humanidad. Seguramente esto no sería coherente con su naturaleza básica de preocuparse por el mundo. "Pero tú, Señor, eres Dios clemente y compasivo, lento para la ira, y grande en amor y verdad" (Salmos 86:15). Dios no se deleita en la muerte de los malvados pero se complace cuando se vuelven de sus malos caminos (ver Ezequiel 18:23).

Por otra parte, Dios sí se deleita al ejecutar sus juicios. "Así como al Señor le agradó multiplicarte y hacerte prosperar, también le agradará arruinarte y destruirte. ¡Serás arrancado de raíz, de la misma tierra que ahora vas a poseer!" (Deuteronomio 28:63). La razón es obvia: Él se deleita al defender su gloria y es celoso de la honra de su pueblo. Dedicaremos más tiempo a esto en el próximo capítulo.

Finalmente, como seres finitos, no podemos juzgar a un ser infinito. Dios no está obligado a decirnos todos sus planes. Como Pablo le recordó a un objetor imaginario acerca de la soberanía de Dios, el barro no tiene derecho a juzgar al alfarero (ver Romanos 9:21). No es necesario que conozcamos los propósitos de Dios antes de inclinarnos ante su autoridad. El hecho de que confiemos en Dios, aun cuando Él no haya revelado los detalles, es exactamente la clase de fe en la que se deleita su corazón. "En realidad, sin fe es imposible agradar a Dios" (Hebreos 11:6).

Si usted se opone a lo que acabo de escribir, tenga en cuenta que Dios no eligió sus propios atributos; simplemente los tuvo por toda la eternidad. No nos ayuda objetar lo que Dios decide hacer. Cuando le dijo a Moisés: "Yo soy el que soy" dijo de hecho:

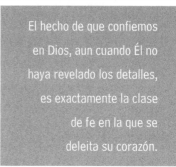

El hecho de que confiemos en Dios, aun cuando Él no haya revelado los detalles, es exactamente la clase de fe en la que se deleita su corazón.

Yo soy el que soy y no quien preferirías que fuera.

Con todo, en el capítulo 5 veremos que este Dios soberano nos ha dado razones para que confiemos en Él. La fe siempre será necesaria, pero nuestra fe tiene un respaldo fuerte. No creemos en fábulas ingeniosas, sino más bien en un relato creíble de la voluntad de Dios y su relación con nosotros tal como lo encontramos en la Biblia

Responder con compasión

Dios usa la naturaleza para bendecirnos y para desafiarnos, para alimentarnos y para instruirnos. Su intención es que luchemos contra la naturaleza, incluso como cuando luchamos contra el diablo, de manera que podamos llegar a ser vencedores en este mundo caído. Aunque la naturaleza está bajo la supervisión de Dios, tenemos que luchar contra enfermedades y plagas. Podemos y deberíamos luchar por una mejor atención médica, agua limpia y comida para quienes se mueren de hambre en los países del tercer mundo. Deberíamos estar dispuestos a ayudar a aquellos que están en necesidad, inclusive a pesar de gran riesgo personal.

Al preguntársele a Martín Lutero si los cristianos deberían ayudar a los enfermos y a los moribundos durante la plaga que asoló a Wittenberg, respondió que cada individuo tendría que contestar la pregunta por sí mismo. Él creía que la epidemia era propagada por espíritus malignos, pero "No obstante, este es el decreto de Dios y el castigo al que debemos someternos con paciencia y servir a nuestro prójimo; arriesgando nuestras vidas de esta manera, tal como lo enseña San Juan: 'Jesucristo entregó su vida por nosotros. Así también nosotros debemos entregar la vida por nuestros hermanos'".

Al escribir estas palabras, los medios informativos están transmitiendo noticias sobre la gripe aviar (gripe del pollo), la cual podría llegar a los Estados Unidos con el peligro potencial de infectar a los humanos. Algunos cristianos podrían preguntarse si deberían escapar o quedarse a ayudar a aquellos que están enfermos, arriesgando sus propias vidas por el bien de otros. Desastres como estos hacen que los comentarios de Lutero sobre la plaga de Wittenberg sean relevantes. Él continúa:

Si es la voluntad de Dios que el mal nos encuentre y nos destruya, ninguna de nuestras precauciones nos ayudará. Todos debemos tomar esto en serio: Ante todo, si él siente el compromiso de permanecer donde prolifera la muerte a fin de servir a su prójimo, déjenlo encomendarse a Dios y decir: "Señor, soy tus manos; me has puesto aquí; sea hecha tu voluntad. Soy tu humilde criatura. Tú puedes matarme o preservarme en la pestilencia de la misma manera como si estuviera en el fuego, en el agua, en la sequía o en cualquier otro peligro."[8]

Sí, la plaga fue un "decreto de Dios"; pero también debemos hacer lo que podamos para salvar las vidas de los enfermos y ministrar a los moribundos. Deberíamos agradecer a Dios cuando nos da la oportunidad de rescatar al herido cuando el desastre ataca. Las tragedias nos dan la oportunidad de servir a los vivos y a los que están muriendo a nuestro alrededor. A través de las tragedias de otros, tenemos la oportunidad de ser arrancados de nuestro estilo de vida confortable y entrar al sufrimiento del mundo.

> A través de las tragedias de otros, tenemos la oportunidad de ser arrancados de nuestro estilo de vida confortable y entrar al sufrimiento del mundo.

Históricamente, la iglesia siempre ha respondido a las tragedias con sacrificio y valentía. Durante el siglo tercero, Tertuliano escribió que cuando los paganos abandonaban a sus parientes más cercanos en la plaga, los cristianos ministraban a los enfermos. Y cuando los paganos dejaban a sus caídos en los campos de batalla, los cristianos arriesgaban sus vidas para recobrar los cuerpos y aliviar el sufrimiento de los heridos.

Cuando el huracán Katrina golpeó la costa del golfo, las iglesias se pusieron a la altura de las circunstancias para ayudar a las víctimas. Se prepararon decenas de miles de comidas, y las iglesias ayudaron a otras iglesias a comenzar el doloroso proceso de reubicación y reconstrucción. También la prensa secular tuvo que admitir que la burocracia no detuvo la ayuda sacrificada de las iglesias en tiempo de necesidad. Lo que el gobierno y la Cruz Roja no pudieron hacer, el pueblo de Dios lo hizo. Así es como debería ser.

Jesús fue tocado por el apremio que la maldición del pecado trajo a este mundo. Lo vemos llorar en la tumba de Lázaro y escuchamos sus quejidos. "Conmovido una vez más, Jesús se acercó al sepulcro. Era una cueva cuya entrada estaba tapada con una piedra" (Juan 11:38). Después que la piedra fue removida, Jesús gritó: "¡Lázaro, sal fuera!" y el muerto volvió a la vida en presencia de los espectadores asustados. El Jesús que permaneció alejado por algunos días más de manera que Lázaro muriera es el mismo Jesús que lo levantó de la muerte.

De la misma manera, el Dios que creó las leyes de la naturaleza y les permite "llevar sus maldiciones" es el mismo Dios que nos ordena luchar contra estas fuerzas naturales. El mandato de gobernar la naturaleza que se le dio a Adán y a Eva antes de la caída permanece, pero ahora la tierra produciría espinas y cardos, y tener hijos significaría luchar con el dolor. El deseo de vivir se convertiría en la lucha por la existencia.

Aunque la medicina moderna y la tecnología nos permiten posponer la muerte tanto como sea posible, eventualmente todos seremos vencidos por su poder. A pesar de eso triunfamos al final, porque Cristo vino a conquistar la decadencia de la naturaleza caída.

No hay, quizás, un misterio más grande que el de los pormenores del sufrimiento humano, de manera que confesemos humildemente que los caminos de Dios están más allá de nuestra comprensión.

William Cowper pone los misterios de Dios en perspectiva:

Dios se mueve de manera misteriosa
al realizar sus maravillas;
afirma sus pisadas en el mar,
y cabalga sobre la tormenta.

En lo profundo de minas insondables
con destreza infalible;
Él atesora sus diseños brillantes,
y realiza su voluntad soberana.

Ustedes santos temerosos, anímense,
las nubes que tanto temen
están llenas de misericordia y se derramarán
en bendición sobre ustedes.

No juzguen al Señor con sus imperfectos sentidos,
sino confíen en Él por su gracia.
Detrás de la amenazadora providencia
esconde su rostro sonriente.
Sus propósitos madurarán rápido,
haciéndose aparentes a cada hora;
el capullo puede tener un sabor amargo,
pero la flor será dulce.

La ciega incredulidad seguro va a errar,
y escudriñar su obra en vano;
Dios es su propio intérprete
y Él lo dejará bien claro.[9]

"No te acongojes por no haber entendido el misterio de la vida" escribió un hombre sabio. "Detrás del velo hay muchos deleites escondidos".[10] El creyente confiado sabe que esto es así.

PREGUNTAS PARA DISCUSIÓN

1. ¿Le consuela la idea de un Dios que "llora"? ¿Cuáles son las implicaciones negativas de creer en semejante Dios?

2. ¿Cuál es la diferencia entre causas intermedias y causas finales? ¿Cómo ve esto manifestado en los desastres naturales?

3. ¿Cree que Dios podría usar un desastre para bien? ¿Por qué?

4. Haga una lista de las distintas maneras en que Dios es diferente al ser humano en su persona y en sus propósitos para nosotros y para el mundo.

CAPÍTULO 3

¿HAY LECCIONES PARA APRENDER?

Creados como somos, a la imagen de Dios, vivimos propensos a indagar los propósitos ocultos del Todopoderoso al permitir (por consiguiente, de hecho, ordenar) la tragedia humana. Tenemos que ser cautos para no aparentar saber más de lo que en realidad sabemos; pero también debemos abstenernos de lo opuesto, que es no decir nada.

Debo enfatizar que cuando hablo de "lecciones para aprender" de los desastres naturales, no tengo la intención de sugerir que estoy dando las *razones* por las cuales Dios envía esta devastación al mundo. En última instancia, sólo Él sabe las verdaderas razones, y no ha estimado conveniente revelárnoslas. Tampoco deseo sugerir que estas lecciones consolarán a aquellos que sufren en soledad y dolor. Admitamos con franqueza que *aun si supiéramos las razones por las que Dios envió un desastre, el saberlo no atenuaría el dolor de una madre llorando por la pérdida de sus hijos.*

Cuando llega el desastre, debemos pasar más tiempo orando que hablando. Incluso así, en reflexión, podemos ver que Dios nos ha dado un destello de sus propósitos a través de su Palabra. Pienso que Jesús aclaró un poco la cuestión de la tragedia cuando se refirió a una torre derrumbada bajo la cual murieron sepultados dieciocho hombres. Aquí tenemos una tragedia conocida de la cual se hablaba en la ciudad de Jerusalén.

Es muy posible que esta torre fuera parte de un acueducto construido por romanos que emplearon judíos para su construcción. Por supuesto, los judíos radicales habrían desaprobado que los obreros judíos ayudaran en un proyecto que beneficiaría a sus despreciados opresores. Podemos imaginar la respuesta: "Esos hombres merecían morir... ¡Fueron víctimas del juicio de Dios!" ¡Estoy seguro que los santurrones también señalaban con el dedo en aquellos días!

Sin embargo, Jesús le dio una interpretación diferente al hecho: "¿O piensan que aquellos dieciocho que fueron aplastados por la torre de Siloé eran más culpables que todos los demás habitantes de Jerusalén? ¡Les digo que no! Y a menos que se arrepientan, todos ustedes también perecerán" (Lucas 13:4-5).

Los desastres ocurren fortuitamente

Jesús usó el incidente de la torre derrumbada para señalar que los desastres no separan a los justos de los malvados. Aquellos que murieron no eran más pecadores que otros en Jerusalén. Sentarse a juzgar a aquellos que murieron tan inesperadamente era moralmente equivocado e hipócrita. Desde el punto de vista de Dios, los desastres podrían estar meticulosamente planeados pero desde nuestra perspectiva ocurren de un modo fortuito. No tenemos derecho a pensar que dividen a la raza humana en dos categorías, en justos y malvados.

En los tiempos del Antiguo Testamento, Dios gobernaba directamente a la nación judía; se ocupaba de ellos como un grupo que vivía en una cierta área geográfica. Así, había a menudo (aunque no siempre) una relación directa de causa y efecto entre su obediencia y la cooperación de las fuerzas naturales. Dios dijo que usaría la naturaleza para premiar o castigar a la gente. "Cuando yo cierre los cielos para que no llueva, o le ordene a la langosta que devore la tierra, o envíe pestes sobre mi pueblo, si mi pueblo, que lleva mi nombre, se humilla y ora, y me busca y abandona su mala conducta, yo lo escucharé desde el cielo, perdonaré su pecado y restauraré su tierra" (2 Crónicas 7:13-14). Saltamontes y plagas como castigo por la desobediencia; lluvia y buenas cosechas como premio por la obediencia.

> No tenemos derecho a pensar que dividen a la raza humana en dos categorías, en justos y malvados.

Haga un contraste de esto con la actualidad, en la que se dan buenas cosechas aunque una nación se aleje de Dios, como se puede ver en los Estados Unidos. A menudo observamos que de la misma manera que los incrédulos son bendecidos junto con los creyentes, así también los justos son víctimas junto con los incrédulos. Los desastres parecen originarse de improviso y sin tomar en cuenta posición, estatus o edad.

Y tal como los desastres naturales no dividen a la raza humana en dos bandos basados en su estilo de vida, tampoco establecen (o no) el valor relativo de una religión. Después del
tsunami, comenzaron a filtrarse reportes de diferentes grupos
religiosos; cada uno de ellos afirmaba categóricamente que Dios
estaba de su lado porque habían sido salvados milagrosamente.

Por ejemplo, diez días después del tsunami, el periódico
Chicago Tribune informó que la decisión de un sacerdote de
Sri Lanka de no usar una pequeña capilla en la costa el 26 de
diciembre fue salvadora. Sin tener razón alguna en particular,
el sacerdote trasladó la misa de la capilla ubicada en la playa a
una iglesia lejos de la costa. Como resultado, el servició
comenzó cuarenta minutos tarde y al finalizar, el tsunami ya
había golpeado. Aun si el servicio hubiese empezado a
tiempo, muchos de los feligreses posiblemente habrían regresado a sus hogares y habrían sido atrapados por las olas mortales. Pero debido a que la misa fue oficiada más tarde de la
hora fijada, las mil quinientas personas que permanecieron
hasta el final del servicio sobrevivieron.[1]

El sacerdote mismo no dijo que esto prueba la veracidad de
la fe católica. Pero otros creen que la razón por la que fueron
salvados fue porque la iglesia San José, donde se ofició el servicio, tenía una estatua de la sagrada familia, mientras que la
iglesia de la costa, que fue totalmente destruida, no la tenía.

También escuché una historia con respecto a la protección
del ala evangélica protestante de la iglesia. En un pueblo de
Indonesia llamado Meulaboh, hay alrededor de cuatrocientos

cristianos. Ellos querían celebrar la Navidad el 25 de diciembre, pero los musulmanes no lo permitieron. Se les dijo que si querían honrar el nacimiento de Cristo tenían que salir de la ciudad; por lo que los cristianos se fueron de la ciudad para celebrar la Navidad, pasando la noche siguiente en una colina. A la mañana siguiente, el tsunami mató al ochenta por ciento de la población de la aldea, pero todos los cristianos se salvaron. De acuerdo al Pastor Bill Hekman, algunos musulmanes ahora creen que muchos de los otros musulmanes murieron por la manera en que trataban a los cristianos que se salvaron. Esto es prueba, según dice, que Dios protege a los suyos.[2]

Pero en otra área azotada por el tsunami, Poorima Jayaranten tiene una interpretación diferente. Cuatro casas al lado de la suya fueron aplastadas, mientras que tres habitaciones de su casa aún permanecen intactas. Ella explica su supervivencia de esta manera: "La mayoría de la gente que perdió familiares eran musulmanes", agregando que dos cristianos también estaban desaparecidos. Ella cree que el Señor Buda la protegió, comentó mientras señalaba una imagen de él que estaba colgada de una de las paredes de la casa que permanecía intacta, sin haber sido tocada por la destrucción masiva. Evidentemente, esto es todo lo que necesita para confirmar su fe.[3]

Sin embargo, los musulmanes también pueden reivindicar victorias porque en un área junto a la costa, cada edificio fue arrasado hasta donde el ojo puede ver, excepto una mezquita blanca. ¿Podría esto confirmar la superioridad de la fe musulmana? Algunos piensan que sí. En cuanto a Katrina, muchos musulmanes "la" alabaron, diciendo que se había unido a ellos en su lucha contra los Estados Unidos.

Mi punto es claro: No deberíamos buscar la confirmación de ninguna religión en los desastres que azotan nuestro planeta. Las tragedias separan a la gente en dos bandos —los vivos de los muertos— pero no a los salvos de los condenados, ni a los religiosos de los no religiosos.

No obstante, también creo que los desastres naturales son el megáfono de Dios. Él nos habla, aunque no esté diciendo lo que alguna gente asegura escuchar. Con seguridad, los desastres nos enseñan lecciones, y como veremos en el capítulo próximo, pueden ser anticipos de los eventos que están por venir.

Las lecciones que podemos aprender

No se nos deja sin alguna pista acerca del significado de estas tragedias, aunque el propósito final de Dios sea misterioso. Sería un error que los desastres vinieran y se fueran sin que nos percatáramos a través de ellos —ya sea por simple observación y por las enseñanzas de Jesús— de la instrucción que nunca deberíamos olvidar.

Visité la muestra de Pompeya en el Museo Field de Chicago hace algún tiempo y me fascinó lo que las víctimas dejaron atrás cuando el monte Vesubio hizo erupción en el año 79 d.C. Casi siempre, parecía, la gente murió tratando de acaparar los pocos tesoros que tenían: collares, espejos y monedas de plata y oro. Un cartel decía: "Aferrándose a la riqueza de su familia, la mujer de la casa murió junto a sus esclavos". Esta mujer trató de escapar con sus tesoros, pero desafortunadamente, murió con aquellos que no poseían nada. Los desastres naturales tienen un efecto nivelador en la humanidad; en el momento de la muerte, todos nos reducimos al mismo desamparo.

Valores clarificados

Los desastres nos ayudan a ver lo que es verdaderamente valioso y lo que no: Las tragedias separan lo trivial de lo trascendental, lo temporal de lo eterno. Cuando se derrumbó esa torre en Siloé, nadie lloró la pérdida de los ladrillos, sin embargo dieciocho familias lloraron la pérdida de un marido, un padre o un hermano.

Después del huracán Katrina, el autor Max Lucado dijo: "Nadie se lamenta por un televisor de plasma o por un vehículo utilitario deportivo sumergido. Nadie corre por las calles gritando: 'mi taladro inalámbrico se perdió' o 'a mis palos de golf los arrastró la corriente'. Si ellos lloran, es por la gente perdida. Si se regocijan, es por la que encuentran".[4] Lucado continúa diciendo que los furiosos huracanes y los diques rotos tienen

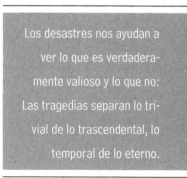

Los desastres nos ayudan a ver lo que es verdaderamente valioso y lo que no: Las tragedias separan lo trivial de lo trascendental, lo temporal de lo eterno.

una manera de arrancar nuestros dedos de las cosas que amamos. Un día usted lo tiene todo, al día siguiente no tiene nada.

Recordamos las palabras de Jesús: "¡Tengan cuidado! —advirtió a la gente—. Absténganse de toda avaricia; la vida de una persona no depende de la abundancia de sus bienes" (Lucas 12:15). Como pastor, he visto cómo el sufrimiento de un niño o la muerte de un ser querido, le da a la gente, repentinamente, un nuevo par de anteojos con los cuales ver el mundo. Las pérdidas verdaderas dejan al descubierto nuestra tendencia a prestarle una atención de primera clase a las prioridades de segunda clase cuando caemos en la cuenta que algún día, el mundo y todo lo que hay en él, será quemado y todo lo que quedará serán ángeles, demonios, seres humanos y Dios.

El filósofo francés Blas Pascal tenía razón cuando dijo: "La sensibilidad del hombre para la trivialidad y su insensibilidad para los asuntos de mayor importancia, revelan que tiene un desorden extraño".[5] Sólo la tragedia nos sacude, nos vuelve a la realidad y nos enseña que son las personas las que importan y no las cosas. La tragedia separa el tiempo de la eternidad y este mundo del próximo. Y para aclarar más nuestros valores, Jesús también dijo: "¿De qué sirve ganar el mundo entero si se pierde la vida? ¿O qué se puede dar a cambio de la vida?" (Mateo 16:26).

Estoy de acuerdo con John Piper quien dijo que los desastres naturales les dan a los cristianos la oportunidad de probar que ningún tesoro terrenal se puede comparar con la importancia de conocer a Cristo. Es un recordatorio de las palabras de Pablo: "Sin embargo, todo aquello que para mí era ganancia, ahora lo considero pérdida por causa de Cristo. Es más, todo lo considero pérdida por razón del incomparable valor de conocer a Cristo Jesús, mi Señor. Por él lo he perdido todo, y lo tengo por estiércol, a fin de ganar a Cristo y encontrarme unido a él. No quiero mi propia justicia que procede de la ley, sino la que se obtiene mediante la fe en Cristo, la justicia que procede de Dios, basada en la fe" (Filipenses 3:7-9). Aquellos que conocen a Jesús tienen un tesoro que ni el sufrimiento ni la muerte jamás les podrán quitar.

La naturaleza dual de la humanidad

Siempre me ha fascinado la naturaleza humana. Me maravillo ante la bondad y la maldad humana y cómo las dos pueden, a veces, existir, una al lado de la otra, cuando la tragedia ataca. En Nueva Orleans, vimos muchas historias de rescates heroicos y de gran sacrificio; mucha gente arriesgando su vida por rescatar a otras.

A pesar de eso, al mismo tiempo, vimos también la cruda naturaleza humana en todo su horror. No estoy hablando de los saqueadores que tomaban lo que podían para sus familias. Me refiero a los rumores de violaciones, golpizas y asesinatos que ocurrieron en el estadio Superdome. Me refiero a los incendios provocados deliberadamente y a los que les disparaban a los helicópteros de rescate. Aquellos que volvieron a limpiar después del desastre se sorprendieron por la cantidad de pornografía que quedó al descubierto cuando las aguas inundaron las calles. Deberíamos tomar un tiempo para preguntarnos: Si tuviéramos que escapar repentinamente de nuestros hogares, ¿qué dejaríamos atrás para que otros viesen?

Los voluntarios también llegaron en masa después del

tsunami, muchos de ellos haciendo un gran sacrificio personal para ayudar a las víctimas. Pero al mismo tiempo, también escuchamos del horrible comercio sexual en países tales como Tailandia y Sri Lanka. Después del tsunami, se filtraron reportes acerca de que niños pequeños eran raptados y explotados por pervertidos sexuales que aparecieron para aprovecharse de estos preciosos pequeñitos. Como si ser huérfano no fuese suficiente, esos niños se convirtieron en víctimas de los más despreciables actos de la crueldad humana imaginable.

Como ya hemos visto, el mundo de la naturaleza física es un reflejo del mundo moral de los seres humanos. Tal como el tsunami liberó un torrente de agua que engulló la tierra y tal como los diques rotos en Nueva Orleans produjeron un aluvión de agua sobre gran parte de la ciudad; de la misma manera, la maldad del corazón humano fue liberada para hacer más daño en medio del desastre. Si no fuera por las restricciones que mantienen a la naturaleza humana bajo control, este mundo estaría abrumado por las gigantescas e incontenibles olas de maldad.

Sin embargo —y esto es importante— debemos darnos cuenta que hay una mezcla de maldad y bondad en todos nosotros. Fue el ganador del Premio Nobel, Aleksandr Solzhenitsyn quien dijo que no podemos dividir a la raza humana en dos bandos, el bueno y el malo. Si pudiésemos dividir a la raza humana de esa manera, podríamos poner a toda la gente buena en una parte del planeta y a toda la gente mala en otra parte. Entonces los justos podrían vivir en una "zona libre de pecado". Por supuesto, eso no es posible. Solzhenitsyn destacó correctamente que la línea entre el bien y el mal no pasa a través de la raza humana sino a través de cada corazón humano.

Todos necesitamos redención. Si nos dejan solos, nos llenamos de sospecha, avaricia y temor. Nos aprovecharíamos de los demás para enriquecernos, nos obsesionaríamos en nuestro egoísmo, dejando de interesarnos por el bienestar de nuestros vecinos. La tragedia trae a la superficie lo bueno, lo malo y lo feo y la naturaleza humana es expuesta a la vista de todos. Pascal tenía razón cuando expresó: "No hay nada que podamos ver en la tierra que no muestre la miseria del hombre o la misericordia de Dios".[6]

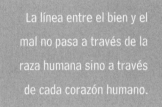

La línea entre el bien y el mal no pasa a través de la raza humana sino a través de cada corazón humano.

La incertidumbre de la vida

Los desastres naturales confirman las palabras de Santiago: "¡Y eso que ni siquiera saben qué sucederá mañana! ¿Qué es su vida? Ustedes son como la niebla, que aparece por un momento y luego se desvanece" (Santiago 4:14). La gente que pierde su vida en un desastre natural probablemente no se despierta esa mañana diciéndose a sí misma: "Este podría ser mi último día en la tierra". Desafortunadamente, algunos pocos creemos que lo que les ocurrió a ellos podría ocurrirnos a nosotros. Pero la torre de Siloé, como un desastre natural, también se derrumbó inesperadamente, sin previo aviso.

Cuando lee los obituarios de aquellos que han muerto en calamidades repentinas, ¿Visualiza usted su propio nombre allí? Todos conocemos a alguien que ha fallecido inesperadamente, quizás en un accidente automovilístico, un accidente en el trabajo o de un ataque cardíaco inesperado. Cuando nos acongojamos con las familias, deberíamos recordarnos que nosotros también podríamos morir en cualquier momento. Los desastres naturales desempeñan un papel similar como recordatorio de que la muerte podría estar a la vuelta de la próxima esquina.

Las tragedias, simplemente nos libran de la confianza excesiva que tenemos al pensar que controlamos nuestros destinos.

¡Leí acerca de una pareja que se mudó de California por temor a los terremotos y murió en un tornado en Missouri! La vida es simplemente un préstamo de parte de Dios. Él la da y Él la quita. Puede quitarla cuando y como quiera. Esto suena despiadado, pero C. S. Lewis tenía razón cuando señaló que la guerra realmente no incrementa la muerte; aun sin guerra, las víctimas todavía tendrían que morir eventualmente. Aunque suene cruel, la muerte está determinada para todos nosotros, ya sea cáncer, un accidente o un desastre natural. La Biblia enseña que la muerte es una cita divina planificada. Las tragedias, simplemente nos libran de la confianza excesiva que tenemos al pensar que controlamos nuestros destinos.

Para mí, fueron más desmoralizadoras las historias de aquellos que murieron innecesariamente en Nueva Orleans porque no hicieron caso de las advertencias de evacuación. Edgar Hollingsworth se rehusó a dejar su hogar cuando Katrina se estaba aproximando. Su esposa, Lillian, le dio un beso de despedida, y aunque ella y sus nietos le rogaron que abandonara la casa, él se rehusó. "No te preocupes por mí", dijo. "Cuando estaba en el Ejército estuve un mes entero sin comer". Él creía que la tormenta no afectaría su vecindario sino que lo eludiría, de la misma forma que todas las tormentas previas.

Los familiares de Edgar pensaron en forzarlo a entrar en el automóvil pero no querían que se enojara. "De repente, se puso muy testarudo", dijo Lillian. Al día siguiente llegó la tormenta y las aguas crecieron. Trataron de ponerse en contacto con Edgar, pero las líneas telefónicas no funcionaban y sabían que tenían que dejar la ciudad. Lillian oró para que alguien rescatara a su esposo y, por unos días, estuvo confiada en que él estaría bien.

Mientras tanto, los equipos de rescate habían puesto una equis y un cero sobre la casa en la que Edgar estaba viviendo, indicando que la habían inspeccionado y que estaban seguros de que no había nadie adentro. Pero cuando otro equipo de rescate fue a buscar animales abandonados, descubrieron a Edgar desnudo, casi esquelético, en un sofá volteado. Se

asustaron cuando Edgar, quien creyeron muerto, súbitamente abrió la boca para tomar una bocanada de aire. El
personal de emergencia se apresuró para llegar a su casa e inmediatamente tomaron medidas para salvarle la vida.

Al día siguiente, Lillian miraba conmocionada la fotogra-
fía de su esposo en la primera plana de un periódico de Baton
Rouge. Localizó el lugar donde lo habían llevado y fue a bus-
carlo inmediatamente; pero a pesar de los esfuerzos heroicos,
Edgar murió veinte minutos después de que ella llegó. En re-
trospectiva, Lillian hubiese deseado que las autoridades de la
ciudad de Nueva Orleans hubieran ordenado que toda la
gente fuese evacuada de sus hogares por la fuerza.

¿Por qué la gente se quedó en Nueva Orleans a pesar de las
advertencias? Algunos dijeron que estaban convencidos de
que podían subir por las escaleras de sus casas de ser necesario.
No pensaron que el agua subiría al segundo piso, luego al altillo y finalmente al techo.

Los desastres, en las palabras de David Miller, nos recuerdan que "la existencia humana en la Tierra no está destinada
a ser permanente. Más bien, el Creador destinó la vida en la
Tierra para que sirviese como un intervalo transitorio de
tiempo . . . en el que se le da a la gente la oportunidad de ocuparse de su condición espiritual en lo que respecta a la voluntad
de Dios para la vida. Los desastres naturales le proporcionan a
la gente pruebas concluyentes de que la vida en la Tierra es
breve e incierta."[8]

El peligro del autoengaño

La tragedia inesperada pone fin a la ilusión de que nuestras vidas son previsibles y nuestros futuros, ciertos. Muchos de nosotros deambulamos por la vida creyendo que la buena vida consiste en tener dinero, placer y esparcimiento y que la vida "no tan buena" es la de la pobreza, la lucha y la servidumbre. Pero Jesús contó una historia que comprobó cuán engañosas pueden ser las evaluaciones superficiales. De acuerdo a la historia, un hombre rico que disfrutaba de la vida se encontró en tormento después de morir, mientras que un mendigo que había sufrido mucho en esta vida se encontraba en un lugar maravilloso (ver Lucas 16:19-31). Este súbito cambio de fortuna nos recuerda que nuestros juicios de hoy podrían ser rigurosamente revisados mañana.

En uno de sus libros más populares, C. S. Lewis se imagina a un demonio de alto rango, Screwtape, escribiendo cartas a Wormwood, un subalterno demoníaco, a fin de darle consejo sobre cómo engañar a los humanos. Parecería que la guerra pudiera ser una ventaja para la estrategia del demonio, pero Screwtape dice que Wormwood no debería esperar mucho de ella. Podrían esperar una gran crueldad, pero si los demonios no son cuidadosos podrían "ver miles . . . pasarse al enemigo (Dios), mientras decenas de miles que no irían tan lejos, desviarían su atención de ellos mismos para enfocarse en causas y valores que estimen más elevados que las del propio interés personal".[9] En tiempo de guerra, señala, los hombres se preparan para la muerte de manera diferente a como lo harían si las cosas se desarrollan sin contratiempos.

Entonces el demonio continúa:

> "Cuánto mejor sería para nosotros si *todos* los humanos muriesen en costosos asilos de ancianos en medio de médicos y enfermeras que mienten, tal como los hemos adiestrado, prometiendo vida al moribundo, fomentando la creencia que la enfermedad es excusa para toda indulgencia, e incluso, ¡si nuestros obreros saben su trabajo, se refrenarán de sugerir un sacerdote por temor a que le revelara al hombre su verdadera condición!"[10]

Lewis cree —y yo estoy de acuerdo— que la "mundanalidad conformista" es una de las mejores armas del diablo durante los tiempos de paz. Pero cuando ocurren los desastres, esta arma se vuelve inútil. Él escribe: "En tiempo de guerra ningún ser humano puede creer que va a vivir para siempre".

Esta es la razón por la que nunca sabremos todos los propósitos de Dios en los desastres naturales. Simplemente no conocemos los miles o quizás millones de personas "conformes" espiritualmente que son forzadas a tomar a Dios en serio en tiempos de crisis. Muchos sobrevivientes eligen endurecer sus corazones contra Dios; pero otros se vuelven a Él con arrepentimiento y fe. Incluso a aquellos que vemos estas calamidades desde una cierta distancia, Dios nos dice: "Prepárate para tu propia muerte . . . ¡puede ser pronto!"

Mientras escribía este capítulo, hablaba con John Gerhardt, un pastor que trabaja para Urban Impact Ministries en Nueva Orleans, acerca de los efectos espirituales del huracán Katrina. Mucho tiempo después del desastre, el pastor Gerhardt continuaba coordinando los esfuerzos de reconstrucción entre los más necesitados de Nueva Orleans. Él dice que Katrina abrió el corazón de la gente a sus necesidades actuales, pero también les hizo mirar más allá del presente, les hizo mirar al mañana y más allá del mañana, les hizo mirar a la eternidad. Los fuertes vientos y el agua, dice, no solamente rompieron los diques sino también rompieron las paredes que existían entre iglesias, ya sea raciales, económicas o geográficas. Hoy, muchos oran y, juntos, crean estrategias para ayudar a reconstruir la ciudad.

La iglesia, dijo el pastor Gerhardt, puede hacer lo que la Cruz Roja y FEMA (Agencia Federal para el Manejo de Emergencias) no pudieron. Los creyentes pueden ser partícipes de la aflicción de los demás, orar con aquellos que fueron dejados atrás y hacer amistad con los desesperanzados. Cada domingo le dice a su congregación que no sólo quieran que Dios "haga acto de presencia", sino también que "se luzca", esto es: ver su obra gloriosa en medio del sufrimiento y la desesperación. A todo lo largo de la costa del golfo, la gente está viniendo a confiar en Cristo como Salvador y otros están siendo sanados de su trauma y pesimismo. El Pastor Gerhardt diría que Dios se luce cuando los desastres naturales asestan un golpe.

Pero ahora debemos dirigir nuestra atención a un tema más difícil: ¿Son los desastres naturales juicios específicos de Dios? ¿Cómo deberíamos interpretarlos desde una perspectiva divina? En su ira, ¿recuerda Dios la misericordia?

Continúe leyendo.

PREGUNTAS PARA DISCUSIÓN

1. Dios trató a su pueblo de manera diferente en el Antiguo Testamento de lo que lo hace hoy. ¿Por qué piensa que esto es así?

2. ¿Qué lecciones específicas le ha enseñado Dios durante las "tormentas" en su propia vida?

3. ¿Por qué piensa que Dios a veces decide tratar al justo y al injusto de la misma manera en la vida?

4. ¿Qué cambios haría en su propia vida si supiera que va a morir en un desastre natural dentro de un mes?

CAPÍTULO 4

¿SON LOS DESASTRES JUICIOS DE DIOS?

Ray Nagin, alcalde de Nueva Orleans, fue noticia en el 2006 cuando sugirió que el azote del huracán Katrina sobre Nueva Orleans fue una señal de que Dios estaba enojado con los Estados Unidos y con las comunidades negras, por destrozarse a sí mismas a través de la violencia y la rivalidad política. "Seguramente Dios está enojado con los Estados Unidos. Nos envió un huracán tras otro, ha provocado destrucción y ha puesto estrés en este país."

Nagin, que es de raza negra, hizo más comentarios el día de Martin Luther King. "Seguramente (Dios) no aprueba que estemos en Irak bajo un pretexto falso. Pero Él también está enojado con la comunidad negra de los Estados Unidos. No nos estamos cuidando a nosotros mismos."[1] El alcalde sorprendió aun más al decir que cuando Nueva Orleans fuese reconstruida, este debería ser una ciudad con mayoría negra.

Dejando de lado sus comentarios raciales, ¿tenía Nagin razón acerca de que los huracanes son un juicio de Dios sobre los Estados Unidos? O quizás más específicamente, ¿tenía razón parcialmente?

Volvamos a las palabras de Jesús cuando habló acerca de la torre derrumbada de Siloé, "Y a menos que se arrepientan, todos ustedes también perecerán" (Lucas 13:3). Los desastres naturales son advertencias de un tiempo que todavía está por venir. Obviamente, los que no se arrepientan no necesariamente morirán en una calamidad similar. Pero ellos *sí* serán llevados por un juicio repentino, sin advertencia. Un juicio más terrible de lo que pudiese ser cualquier desastre natural.

Preste mucha atención a este pensamiento: El hecho de que los desastres naturales ocurren de manera aleatoria sin tomar en cuenta raza, edad, religión o estilo de vida, no significa que no puedan ser juicios actuales y un adelanto del castigo venidero por el pecado. Todos hemos visto avances de otras películas en el cine mientras esperábamos que comenzara la verdadera película. Los desastres naturales son un avance, una advertencia de que un juicio más severo se avecina.

Difiero con Dennis Behrendt, quien escribió en *The New American* que los desastres naturales no pueden ser juicios porque ocurren indiscriminadamente. Él escribió lo siguiente: "Hay mucha gente que se ha alejado de Dios y llevan vidas de pecado y depravación, haciendo daño a los demás y vulnerando sus derechos. ¿Por qué no tan sólo castigar a los asesinos, violadores y ladrones? Seguramente Dios puede diferenciar entre aquellos que tratan de vivir vidas santas y aquellos que desprecian a Dios y al hombre del mismo modo".[2]

Por supuesto, si Dios lo deseara, podría enviar desastres naturales solamente a los malvados. Sabemos que la agitación de la naturaleza viene a un área geográfica específica sin tener en cuenta la santidad o la impiedad de la gente. Pero esto no significa que no puedan ser juicios. Los justos sí experimentan castigos temporales en esta vida al igual que los perversos. *Los desastres naturales son juicios, por la obvia razón de que toda muerte y destrucción es un juicio de Dios.*

Aunque Cristo murió por nuestros pecados, como cristianos todavía moriremos debido al pecado, y la muerte es un juicio por el pecado. "Porque la paga del pecado es muerte, mientras que la dádiva de Dios es vida eterna en Cristo Jesús, nuestro Señor" (Romanos 6:23). Jesús quitó el aguijón de la muerte, pero sin embargo esta vendrá a nosotros. Piénselo de esta manera: Toda la tierra está bajo la maldición y como creyentes somos parte de esa corrupción. Claramente, incluso aquellos que son piadosos, también resultan víctimas de la tragedia y del juicio en este mundo caído. La maldición no se levantará totalmente hasta que seamos completamente redimidos.

> En los desastres naturales, Dios intensifica la maldición que ya existe sobre la naturaleza e igualmente sobre nosotros.

En los desastres naturales, Dios intensifica la maldición que ya existe sobre la naturaleza e igualmente sobre nosotros. Cuando lo vemos de esta manera, nos damos cuenta que los desastres naturales ocurren constantemente cuando miles de personas mueren cada día a causa de enfermedades, accidentes y de varios tipos de tragedias. Los desastres naturales sólo captan nuestra atención cuando son de una gran magnitud, con muchas muertes simultáneas y una increíble devastación de la propiedad. Estos desastres son realmente una dramática aceleración de lo que está sucediendo todo el tiempo.

¿Está Dios enojado con los Estados Unidos?

Entonces, ¿está Dios enojado con los Estados Unidos? A menudo escuchamos afirmaciones como: "¡Si no nos arrepentimos, Dios va a juzgar a los Estados Unidos!" Nos olvidamos que Estados Unidos ya está bajo juicio, un juicio continuo y *actual*. En Deuteronomio, Dios advirtió a los judíos que si no se arrepentían, experimentarían una serie de juicios, culminando con la destrucción de sus familias. "Tus hijos y tus hijas serán entregados a otra nación; te cansarás de buscarlos, y no los podrás encontrar" (Deuteronomio 28:32). Ciertamente, los hijos y sus padres morirían de hambre y no habría manera de salvarlos (ver versículos 54-57).

La destrucción de la familia es uno de los juicios de Dios contra Estados Unidos, una nación que se ha alejado de Él. La expansión de la inmoralidad, la pornografía y los matrimonios del mismo sexo, todo esto es prueba de que la mano de Dios se ha apartado mientras nos zambullimos de cabeza en una rebelión personal y nacional. Como resultado, nuestros hijos están sufriendo a manos de depredadores, desde abuso sexual dentro de sus propias familias hasta padres egoístas e indiferentes.

Todo pecado tiene consecuencias inmediatas, pero cuando se acumula, hay juicios futuros de varios tipos. Los desastres naturales son sólo una manera más que Dios tiene de revelarse a Sí mismo, de rogarnos que nos volvamos de nuestros malos caminos y que nos preparemos para un mundo mejor.

> Los desastres naturales son sólo una manera más que Dios tiene de revelarse a Sí mismo, de rogarnos que nos volvamos de nuestros malos caminos y que nos preparemos para un mundo mejor.

Entonces estamos en lo correcto al decir que los desastres naturales son juicios, pero nos equivocamos cuando vamos más allá de esto y decimos que sólo apuntan a una religión, a una raza o a una clase de pecador en particular. Sí, puede ser verdad que los países afectados por el tsunami, tal como Tailandia y Sri Lanka, fueron juzgados debido a su explotación de los niños. Pero también debemos preguntar, ¿por qué la ciudad Bangkok no fue castigada cuando es el centro de la industria del comercio sexual? ¿Fue Nueva Orleans una ciudad más pecaminosa que Las Vegas? Sólo Dios sabe con seguridad si el tsunami y Katrina fueron juicios selectivos por pecados específicos.

Como ya hemos visto, en esta vida, los juicios se nos presentan como algo fortuito. A veces, contrariamente a lo que esperaríamos, los malvados se salvan de las catástrofes en las que sucumben los justos. Sin embargo, Dios tiene propósitos diferentes en tales desastres. Su propósito es que aquellos que mueren sean llevados a su presencia donde cada uno será juzgado de manera individual, justa y eterna. Algunos serán invitados a su presencia y otros serán expulsados. "Aquéllos irán al castigo eterno, y los justos a la vida eterna" (Mateo 25:46).

Su propósito para con los sobrevivientes es advertirles sobre la incertidumbre de la vida y la urgencia de prepararse para la muerte. A los voluntarios se les da la oportunidad de demostrar su amor y preocupación por aquellos que sufren. Para algunos, las calamidades son un castigo; para otros, representan la purificación provocada por el arrepentimiento y la renovada devoción por Dios. Lo que a nosotros nos parece fortuito, sin duda tiene propósitos que sólo el Todopoderoso conoce.

Entonces, volvamos a la pregunta: ¿Está Dios enojado con los Estados Unidos? Su enojo justificable está dirigido a todos aquellos que se rehúsan a reconocer su Palabra: "Ciertamente, la ira de Dios viene revelándose desde el cielo contra toda impiedad e injusticia de los seres humanos, que con su maldad obstruyen la verdad" (Romanos 1:18). Pero por otra parte, Él tiene gracia para con aquellos que responden a su misericordia tal como se halla en Jesucristo. "Ahora que hemos sido justificados por su sangre, ¡con cuánta más razón, por medio de él, seremos salvados del castigo de Dios!" (Romanos 5:9).

Hay juicios nacionales, pero finalmente el enfoque de Dios se reduce al individuo: Aquellos que se colocan bajo la protección de la gracia de Cristo son amados y aceptados de manera

especial y aquellos que desprecian su misericordia son desti-
nados a juicio, ya sea ahora o más adelante. Las buenas noticias son, por supuesto, que todos los que están leyendo este
libro tienen una oportunidad maravillosa de aprovechar la
gracia inmerecida de Dios. "Porque por gracia ustedes han
sido salvados mediante la fe; esto no procede de ustedes, sino
que es el regalo de Dios, no por obras, para que nadie se jacte"
(Efesios 2:8-9).

Cuando Dios ve a los Estados Unidos, ve a aquellos que
están bajo su ira así como también a los que son objeto de su
gracia especial. Sí, hay un momento en que una nación entera
se aleja de Dios y entonces es juzgada. Pero también hay un
remanente de creyentes verdaderos cuyas vidas deleitan a
nuestro Padre celestial. No es de extrañar que tengamos que
esperar la eternidad para traer a la luz todos esos asuntos.

Los desastres y el fin de los tiempos

La naturaleza refleja los atributos de la gracia de Dios, pero
también sus atributos de ira y justicia. En el libro de Job, un
joven teólogo crítico llamado Eliú dice de Dios: "A la nieve le
ordena: ¡Cae sobre la tierra!, y a la lluvia: ¡Muestra tu poder! . . . Por el aliento de Dios se forma el hielo y se congelan
las masas de agua. Con agua de lluvia carga las nubes y lanza
sus relámpagos desde ellas; y estas van de un lado a otro, por
toda la faz de la tierra, dispuestas a cumplir sus mandatos. Por
su bondad, hace que vengan las nubes, ya sea para castigar o
para bendecir" (Job 37:6, 10-13).

Él trae las nubes para castigar a los hombres o para irrigar la tierra y mostrar su amor. Nos gusta pensar que Dios solamente tiene bajo control el lado positivo de la naturaleza: el brillo del sol, la atracción irresistible de las aguas calmas y los cielos llenos de estrellas. Pero, como hemos aprendido, Dios está a cargo de la totalidad de la naturaleza. Si la bondad de Dios se ve en las bendiciones de la naturaleza, sus juicios se ven en la "maldición" de la naturaleza. De cualquier modo, la naturaleza nos enseña, ayudándonos a entender mejor a Dios.

Los cielos llenos de estrellas reflejan la gloria de Dios; los vientos calmos y el brillo del sol nos recuerdan su misericordia y los trastornos de la naturaleza nos demuestran el juicio de Dios. Si la luz del sol permite ver por anticipado la belleza del cielo, el huracán nos permite ver anticipar el sufrimiento del infierno. "Por tanto, considera la bondad y la severidad de Dios: severidad hacia los que cayeron y bondad hacia ti. Pero si no te mantienes en su bondad, tú también serás desgajado" (Romanos 11:22). No debería sorprendernos que la naturaleza sea benigna y severa.

> Los cielos llenos de estrellas reflejan la gloria de Dios; los vientos calmos y el brillo del sol nos recuerdan su misericordia y los trastornos de la naturaleza nos demuestran el juicio de Dios.

Jesús confirmó que las calamidades del tiempo del fin eran un signo del final de una era. "Se levantará nación contra nación, y reino contra reino. Habrá hambres y terremotos por todas partes. Todo esto será apenas el comienzo de los dolores" (Mateo 24:7-8). Es interesante ver que el número de terremotos en la tierra se ha incrementado a través de los siglos y continúa aumentando cada año. Sólo los más poderosos llegan a ser noticia.

Dependiendo de cómo los clasifique, por lo menos tres —quizás cuatro— desastres naturales acompañarán el regreso de Jesús a la Tierra:

> Porque así como el relámpago que sale del oriente se ve hasta en el occidente, así será la venida del Hijo del hombre. Donde esté el cadáver, allí se reunirán los buitres. Inmediatamente después de la tribulación de aquellos días, el sol se oscurecerá y la luna no dará su luz; las estrellas caerán del cielo y los cuerpos celestes serán sacudidos. La señal del Hijo del hombre aparecerá en el cielo, y se angustiarán todas las razas de la tierra. Verán al Hijo del hombre venir sobre las nubes del cielo con poder y gran gloria.
>
> **MATEO 24:27-30**

No nos apresuremos a pensar que sabemos cuándo y cómo vendrá el fin. En el 2005, en el periódico *New York Times* apareció un artículo titulado: "Día del juicio final: La palabra más reciente si no la última", dio algunos ejemplos de cuán rápido los cristianos se apresuran a sacar conclusiones acerca del fin del mundo.[3] Lo escuchamos cuando las tropas israelíes capturaron la vieja ciudad de Jerusalén en 1967, y más tarde cuando Yitzhak Rabin elaboró un acuerdo de paz con Yasser Arafat. Ahora escuchamos de nuevo que el fin del mundo está cerca debido al creciente número de desastres naturales. En mi biblioteca tengo un libro llamado *Los Últimos Días Están Aquí de Nuevo*. Sin duda, como ya debe estar enterado, la vida en este planeta todavía no ha dejado de existir, aunque muchos han pronosticado su extinción.

No obstante, es importante darse cuenta que eventualmente las convulsiones de la naturaleza serán parte del juicio soberano de Dios. Considere este "desastre natural" futuro que parece ser la película principal que sigue a la vista previa:

> Vi que el Cordero rompió el sexto sello, y se produjo un gran terremoto. El sol se oscureció como si se hubiera vestido de luto, la luna entera se tornó roja como la sangre, y las estrellas del firmamento cayeron sobre la tierra, como caen los higos verdes de la higuera sacudida por el vendaval. El firmamento desapareció como cuando se enrolla un pergamino, y todas las montañas y las islas fueron removidas de su lugar. Los reyes de la tierra, los magnates, los jefes militares, los ricos, los poderosos, y todos los demás, esclavos y libres, se escondieron en las cuevas y entre las peñas de las montañas. Todos gritaban a las montañas y a las peñas: "¡Caigan sobre nosotros y escóndannos de la mirada del que está sentado en el trono y de la ira del Cordero, porque ha llegado el gran día del castigo! ¿Quién podrá mantenerse en pie?" **APOCALIPSIS 6:12-17**

Estoy de acuerdo con el lector que escribió la siguiente carta a la revista *World:* "Tenemos una gran deuda con aquellos que fueron afectados por el huracán Katrina. Ellos recibieron una pequeña muestra de la ira de Dios a manera de advertencia a todos nosotros que, a menos que nos arrepintamos, pereceremos del mismo modo".[4]

> Él no disfruta del sufrimiento humano, sino que se deleita en el triunfo de la verdad, la justicia y la consumación de sus propósitos ocultos.

El Dios de la teología liberal, el Dios que busca la felicidad de su creación de la mejor manera posible, el Dios que nunca nos juzgaría por nuestros pecados o recluiría a los pecadores en el infierno, tal Dios no existe en la Biblia. Este Dios domesticado es contradicho por los desastres naturales en el mundo. Él no disfruta del sufrimiento humano, sino que se deleita en el triunfo de la verdad, la justicia y la consumación de sus propósitos ocultos.

La ruta de escape

Estas son las buenas noticias: Hemos escapado al juicio venidero a través del arrepentimiento. "A menos que se arrepientan, ustedes perecerán. . . ." En este libro se ha dicho lo suficiente acerca del peligro de tratar de interpretar los detalles de los propósitos de Dios. Entonces, si tenemos en cuenta que muchos cristianos también mueren en estas calamidades, aún podemos beneficiarnos con las palabras de Byron Paulus, quien señala que el mensaje de Dios para Estados Unidos es el arrepentimiento. Él escribió lo siguiente:

> El simbolismo representado por los diversos lugares donde ocurrieron las calamidades recientes es muy obvio para que se lo ignore. Primero, los terroristas atacaron los símbolos nacionales de nuestra *cultura materialista*. El año pasado, los huracanes a lo largo de las costas de Florida dejaron cicatrices en un centro importante del *ocio nacional*. Y ahora, Katrina puso su mira en un área generalmente conocida por la *perversión sexual* así como también el juego, el abuso de la asistencia pública y el crimen. El huracán Rita probó nuestra *fuente de dependencia* . . . el petróleo. ¿Es una coincidencia el que el nombre Katrina signifique "pureza"? ¿Está Dios tratando de llamar nuestra atención?

¿Está Dios tratando de llamar nuestra atención?

Es interesante advertir que unos pocos días después del huracán Katrina, la gobernadora Kathleen Blanco convocó a un día de oración en todo el estado: "Al afrontar la devastación ocasionada por Katrina, al tratar de localizar a aquellos que están en necesidad, al consolar a aquellos que sufren dolor y al comenzar la larga tarea de la reconstrucción, nos volvemos a Dios para pedir fuerzas, esperanza y consuelo." Oliver Thomas, presidente del consejo municipal, después de observar directamente la horrible destrucción y de escuchar las comparaciones de Nueva Orleans con Sodoma y Gomorra, comentó que "Quizás Dios está purificándonos".[6]

Casi no hay duda que Nueva Orleans ha sido catalogada como una ciudad pecaminosa como pocas. El festival llamado "decadencia sureña" que estaba programado para ese fin de semana fue descrito por un sitio francés de turismo como "algo así como una versión más homosexual de Mardi Gras", el cual es "sumamente (o tristemente) célebre por el desfile de desnudos que caracteriza un evento de exhibiciones públicas de sexualidad". Además de tener una de las tasas de homicidio más altas del país y la fuerza policial más corrupta, la ciudad es también conocida por su práctica generalizada del ocultismo, particularmente el vudú. Como escribió Michael Brown: "Cuando invocas espíritus de las tinieblas, te viene una tormenta".[7]

Me parece interesante que aunque el alcalde Nagin citó la división racial y la guerra en Irak como razones para la ira de Dios contra los Estados Unidos, no mencionó Mardi Gras o el ocultismo generalizado que invade la ciudad. De hecho, el libertinaje que acompaña a Mardi Gras ya ha vuelto a Nueva Orleans; pero ahora, como símbolo de que la ciudad ha sido "restaurada". El alcalde tenía razón cuando dijo que Katrina era un juicio de Dios, pero en mi opinión estuvo algo errado al descifrar las razones de Dios para ello. Debemos tener cuidado al decir que Dios sólo se enoja por las mismas cosas por las que nos enojamos nosotros.

"¡Quizás Dios nos está purificando!"

Dios podría no haber apuntado a Nueva Orleans porque es más pecaminosa que Las Vegas, pero no hay duda que eligió a Nueva Orleans como un ejemplo práctico para los Estados Unidos y el resto del mundo. Oliver Thomas, presidente del consejo municipal, podría tener razón. Sin lugar a dudas, Dios sí quiere purificar a los Estados Unidos. Nos está pidiendo que nos arrepintamos de todos nuestros pecados, ya sea inmoralidad, avaricia, egoísmo o lo más importante, el olvido del evangelio que su Hijo vino a traernos. Quiere que nos volvamos de nuestra autoindulgencia a la fe en Él, la fuente de perdón y de esperanza.

El reverendo Bill Shanks de Nueva Orleans dijo que después de Katrina, "Nueva Orleans ahora está libre del aborto. Nueva Orleans está libre de Mardi Gras. Nueva Orleans ahora está libre de la decadencia sureña y de los sodomitas, de la brujería, de la falsa religión; está libre de todas esas cosas".[8] Puede tener razón, pero por supuesto, sabemos que cuando regresen los residentes, traerán de vuelta todos sus pecados con ellos. Las resoluciones de cambiar probablemente darán paso a sus viejos pecados.

Sería maravilloso si los ciudadanos de una Nueva Orleans restaurada se arrepintieran. Pero sabemos que como creyentes, debemos dar el ejemplo. Pedro escribió: "Porque es tiempo de que el juicio comience por la familia de Dios; y si comienza por nosotros, ¡cuál no será el fin de los que se rebelan contra el evangelio de Dios! 'Si el justo a duras penas se salva, ¿qué será del impío y del pecador?'" (1 Pedro 4:17-18). Dios está gritando, pero nosotros no lo escuchamos.

La misericordia está incluida en cada acto de juicio temporal. Deberíamos aprender de nuestros hermanos y hermanas de Escocia que, después de un huracán en 1741, organizaron comunidades de oración. Lo que empezó en una iglesia se propagó a otras iglesias y pronto éstas se llenaron de gente que oraba y pedía ayuda a Dios en su momento de apremio. "La gente le suplicaba a Dios que multiplicara el trabajo que había comenzado entre ellos."[9]

¿Qué tiene que ocurrir para que hagamos aquí lo mismo?

¿Salvado o perdido?

Los desastres naturales dividen a la raza humana en muertos y vivos. Los muertos no tienen la oportunidad de arrepentirse, no hay una segunda oportunidad para la vida y la redención. Para los vivos, la oportunidad del arrepentimiento está todavía al alcance de la mano. "Así como está establecido que los seres humanos mueran una sola vez, y después venga el juicio, también Cristo fue ofrecido en sacrificio una sola vez para quitar los pecados de muchos; y aparecerá por segunda vez, ya no para cargar con pecado alguno, sino para traer salvación a quienes lo esperan" (Hebreos 9:27-28).

Cuando el *Titanic* se hundió, 1516 personas fueron a la tumba en el océano con pleno conocimiento. Si bien atribuimos el hundimiento de esa nave a una serie de errores humanos, Dios seguramente podría haberlo evitado sin ninguna violación de la voluntad humana. Este es otro recordatorio de que Dios, quien permite tales tragedias inconcebibles, es aquel a quien debemos temer.

Después de que la noticia de la tragedia del Titanic llegó al mundo, el desafío fue cómo informarles a los familiares si sus seres queridos estaban entre los muertos o entre los vivos. En la oficina de la línea naviera White Star en Liverpool, se instaló un enorme tablero; en uno de los lados estaba escrita la palabra **Salvados**, mientras que en el otro lado estaba la palabra **Perdidos**. Centenares de personas se reunían para mirar atentamente si había algún cambio en la información. Cuando un mensajero traía información nueva, los que estaban esperando contenían el aliento, preguntándose a qué lado iría el nombre del nuevo agregado a la lista.

Aunque los pasajeros del *Titanic* estaban en primera, segunda o tercera clase, después que la nave se hundió, hubo sólo dos categorías: Los salvados y los ahogados. De la misma manera, hoy podemos dividir a la gente en muchas clases diferentes basados en ubicación geográfica, raza, educación y riqueza. Pero en el día del Juicio Final, habrá sólo dos clases: Los salvados y los perdidos. Sólo hay cielo e infierno.

Quizás en el cielo una madre estará buscando a su hijo, preguntándose si llegará a salvo a las puertas del cielo. Las esposas esperarán a sus maridos y los padres a sus hijos. Hoy es un día de gracia, un día para esperar que los vivos se arrepientan.

Dios grita desde el cielo: "a menos que se arrepientan, todos ustedes también perecerán".

PREGUNTAS PARA DISCUSIÓN

1. Hable sobre la afirmación "Los desastres naturales son juicios de Dios". Como mejor pueda, ponga en claro una mala interpretación común de esta frase.

2. Cómo contestaría la pregunta de Ray Nagin: ¿Está Dios enojado con los Estados Unidos?

3. ¿Cuál es el rol del cristiano después de un desastre natural?

4. ¿De qué manera piensa que los desastres naturales son un anticipo del futuro?

5. ¿Cómo se imagina que sería Estados Unidos si, como nación, nos arrepintiéramos de nuestros pecados?

CAPÍTULO 5

¿PODEMOS AÚN CONFIAR EN DIOS?

En este planeta existen guerras, pobreza, desastres naturales e injusticias horrendas. ¿Podemos confiar en un Dios soberano que pudiese, en cualquier momento, poner fin a tal sufrimiento? ¿En un Dios que pudo haber prevenido las catástrofes que han golpeado al mundo a lo largo de los siglos? ¿En un Dios que pudo haber hecho que Hitler muriese cuando era un bebé en los brazos de su madre?

Una respuesta intelectual —incluso una que sea verdadera— nunca satisface al corazón humano. El dolor no se va cuando uno recuerda los eternos y trascendentes propósitos de Dios. Con todo, se nos alienta a buscar respuestas, como nos dice Eclesiastés: Dios ha puesto "eternidad en nuestros corazones".

El callejón sin salida del ateísmo

Al principio, debemos aclarar un punto: Los ateos (o naturalistas) no tienen derecho a preguntarnos dónde está Dios cuando la tragedia azota. He escuchado a menudo el argumento de que si existiera un Dios que es omnipotente, omnisciente y amoroso, eliminaría el mal y el sufrimiento. Puesto que el sufrimiento horrendo existe, los ateos dicen: Dios debe ser débil, ignorante o sádico. Dado que tal Dios no merece nuestro respeto, el ateísmo parece ser una alternativa más atractiva. Los ateos en consecuencia miran alrededor, ven la miseria que sufren millones y preguntan sarcásticamente: "¿Dónde estaba Dios cuando ocurrió el tsunami?" Y desafían a cualquiera a dar una respuesta.

> Si el ateo o el naturalista pregunta dónde estaba Dios en este desastre, está asumiendo un esquema moral que sólo puede existir si Dios existe.

La pregunta, viniendo de un ateo, es ilegítima e irracional. Hacer la pregunta es asumir la existencia de Dios. Si no hubiese un Dios creador —si no fuéramos más que una combinación complicada de átomos que comenzaron a existir de manera fortuita— entonces la misma idea del bien y el mal o de lo bueno y lo malo no podría existir. Después de todo, los ateos creen que los átomos se han dispuesto a sí mismos fortuitamente de acuerdo a patrones casuales y lo que sea que existe, simplemente existe.

Entonces, si el ateo o el naturalista pregunta dónde estaba Dios en este desastre, está asumiendo un esquema moral que sólo puede existir si Dios existe. Basado en las premisas ateas, no pueden haber sustancias espirituales tales como el alma o la mente, sólo patrones de partículas físicas. Los naturalistas están en la posición desafortunada de sostener que la materia

puede pensar, que puede hacer preguntas tales como cuál con-
figuración de la materia es buena y cuál es mala. Claramente,
las nociones acerca del bien y el mal no pueden provenir de los
átomos que formaron la materia en su estado fundamental.

Si lo consideramos cuidadosamente, el ateísmo es contrario a la racionalidad y desafía los más profundos anhelos del
alma humana. C. S. Lewis asevera lo mismo cuando disputa
que sólo Dios puede explicar la ley moral que existe en todos
nosotros. Durante los días en que era ateo, Lewis se opuso a
Dios porque el universo parecía muy cruel e injusto. Entonces
se dio cuenta que su idea de justicia daba por sentado un estándar que estaba más allá de él mismo.

> Por supuesto podía haber abandonado mi idea de
> justicia al decir que no era nada más que mi propia
> idea íntima. Pero si hacía eso, entonces mi argumento
> contra Dios también se hubiese derrumbado porque
> dependía de decir que el mundo era realmente injusto
> y no simplemente que por una casualidad no satisfacía
> mis fantasías. De esa manera, en el acto mismo de
> tratar de probar que Dios no existía (en otras palabras,
> que la realidad en su totalidad no tenía sentido), me
> vi forzado a asumir que una parte de la realidad —es
> decir, mi idea de justicia— estaba llena de sentido.

Lewis prosigue argumentando que la ley moral es una mejor
reflexión de Dios que el universo mismo. Señala que el

conocimiento intuitivo que tenemos del bien y el mal nos dice más acerca de Dios de lo que lo hace la naturaleza. "Descubres más sobre Dios por la ley moral que por el universo en general; de la misma manera en que conoces más acerca de un hombre al escuchar su conversación que al mirar la casa que construyó".[2]

En un mundo ateo, el mal nunca puede servir a los fines de un propósito más elevado, y el sufrimiento nunca puede ser redimido porque nunca puede conducir a fines nobles. El suicidio sería atractivo, porque no tendría sentido quedarse por aquí para hacer que el mundo sea un lugar mejor. Además, en un mundo ateo, las injusticias en el mundo simplemente continuarían su travesía sin sentido hacia ninguna parte.

Un judío amigo mío, que también es ateo, admitió que sintió inquietud de espíritu sabiendo que Hitler nunca sería juzgado por lo que hizo. Él no tiene esperanza de que habrá un juicio final para corregir las cosas. Admitió tristemente que sin la eternidad, los eventos del tiempo nunca pueden ser redimidos o corregidos.

El ateísmo no satisface la mente ni el corazón. Aun así, los ateos hacen preguntas acerca del bien y el mal por una razón: También son creados a la imagen de Dios y tienen un alma que puede pensar. Ravi Zacharias dice que un relativista puede decir que Dios ha muerto, "pero la pregunta de su alma en un tiempo como este, revela que no puede matar a Dios completamente".[3]

"¡Oh Katrina, ten misericordia de nosotros!" decía un cartel en Nueva Orleans antes de la llegada del huracán. Si no nos volvemos al Dios viviente en una crisis, nos volveremos al dios impersonal de la naturaleza o fabricaremos alguna otra deidad en nuestras mentes. El ateísmo simplemente no puede permanecer por mucho tiempo en el corazón humano inteligente.

Una respuesta intelectual

Entonces volvemos a esta pregunta: Si Dios es todopoderoso y tiene todo el conocimiento, ¿es también *bueno*? ¿Merece Él nuestra confianza? Si la respuesta es sí —y espero que así sea— debemos afirmar que hay una razón moralmente suficiente para que Dios permita (u ordene) los desastres que vemos, ya sea causados por la naturaleza o por los seres humanos. Si no hubiese un propósito más elevado en estos males, el Todopoderoso estaría operando a ciegas, sacando el mayor provecho de los acontecimientos trágicos, pero estaría inseguro de su plan global.

La Biblia se levanta en abierta oposición a Rowan Williams, el arzobispo de Canterbury, quien escribió despectivamente acerca de "las palabras sin sentido que se escuchan acerca de la naturaleza del poder o control de Dios, o acerca del consuelo que viene de creer en una vida después de la muerte o lo que sea… Cada muerte fortuita, accidental… debería perturbar la fe supeditada al bienestar y a las respuestas preparadas."[4]

Contrariamente al arzobispo, creo que deberíamos hablar

del poder y control de Dios y consolarnos en la certeza de una vida después de la muerte. Aunque estoy de acuerdo en que deberíamos ser cautos acerca de las "respuestas preparadas", también creo que no deberíamos tener una fe que pudiera ser perturbada por cada muerte accidental y fortuita. Debemos poner énfasis en el punto que abordamos anteriormente: Si los desastres naturales están fuera del control de Dios, entonces mi vida y mi futuro están fuera del control de Dios. El Dios débil del liberalismo moderno es difícilmente capaz de dar consuelo a aquellos que lo buscan.

En este momento, debemos regresar a la pregunta planteada en el primer capítulo: ¿Es este el mejor de todos los mundos posibles? Recuerde, el filósofo Leibniz dijo que un buen Dios elegiría el mejor de todos los mundos posibles; entonces, ¿por qué eligió *este* mundo, con su sufrimiento y desesperación? ¿Puede este ser realmente el mejor de todos los mundos posibles?

Visto a través de lentes estrechos, este no es, con toda seguridad, el mejor de todos los mundos posibles. Pero si viésemos todo desde el punto de vista de Dios —si pudiésemos ver el fin último de los propósitos de Dios y su propia gloria— tendríamos que coincidir en que su plan es correcto y bueno. Este no es el mejor de los mundos posibles, pero desde el punto de vista de la eternidad, el mejor de todos los arquitectos escogió el mejor de todos los diseños posibles. Esto no significa que Dios se complace en el mal, sino que se complace en cómo lo usará para fines sabios y buenos.

¿Qué haría usted si tuviera el poder de Dios por veinticuatro horas? Por supuesto, todos contestamos que eliminaríamos del mundo la pobreza, las guerras y los desastres de cualquier tipo. Pondríamos fin al mal en todas sus formas y crearíamos un paraíso para todos. *¡Ojalá!*

Por otro lado, si también nos fuese dada la sabiduría de Dios, ¡estoy convencido de que dejaríamos las cosas tal como están! Porque nuestro omnisciente y omnipotente Padre celestial tiene planes ocultos que tienen sentido por completo. Hay significado en la locura.[5]

Sin embargo —y esto es importante— si nos preguntamos cuál es el propósito oculto y final de Dios en cuanto a los desastres naturales, sólo podemos decir que Él es implacable en la búsqueda de su propia gloria (ver Jeremías 13:11; 2 Tesalonicenses 1:9-10). Ya hemos reconocido que Dios nos permite tener una percepción de la mente divina, pero confesemos humildemente que sólo vislumbramos el propósito eterno.

Después de años de estudiar el problema de reconciliar el sufrimiento de este mundo con la misericordia de Dios, he llegado a la conclusión de que no hay solución que satisfaga completamente nuestras mentes, mucho menos la mente de un escéptico. Los caminos de Dios están "más allá de nuestra comprensión". Simplemente, Él ha optado por no revelar todas las piezas del rompecabezas. *Dios es más inescrutable de lo que nos gustaría admitir.*

Después de todos los ensayos teológicos que se han escrito y del silencio de todos los que debatían el tema, todavía no lo entendemos. Sólo podemos sentirnos sobrecogidos por este gran misterio. John Stackhouse escribió:

> El Dios de la predestinación, el de la providencia mundial, quien lo creó todo y lo sostiene todo, y de ese modo es finalmente responsable de todo, este Dios nos ha revelado sólo atisbos del divino plan cósmico. Dios no nos ha permitido ver completamente de ninguna manera el sentido del sufrimiento, el método de la locura. En cambio, Dios ha elegido permanecer en un misterio oculto.[6]

Sí, Dios ha decidido seguir siendo un misterio. En su libro *Principios*, un teólogo del siglo primero, Orígenes, describió lo que Pablo quiso decir cuando escribió que los juicios de Dios son "indescifrables" y sus caminos son "impenetrables". Simplemente lea estas palabras:

> Pablo no dijo que los juicios de Dios fuesen difíciles de descifrar sino que no se pueden descifrar en absoluto. No dijo que los caminos de Dios eran difíciles de descubrir sino que eran imposibles de descubrir. Porque no importa cuán lejos uno pueda avanzar en la búsqueda a través de un estudio serio y progresivo, aunque reciba ayuda y la mente se halle esclarecida por la gracia de Dios, uno nunca será capaz de alcanzar la meta final de su investigación.

Sin embargo, creo firmemente que no es necesario que comprendamos los propósitos ocultos del Todopoderoso a fin de creer que tales propósitos existen. También creo que algún día se nos concederá la capacidad de entender. "Ahora vemos de manera indirecta y velada, como en un espejo; pero entonces veremos cara a cara. Ahora conozco de manera imperfecta, pero entonces conoceré tal y como soy conocido" (1 Corintios 13:12). Ahora vemos la confusa parte de atrás de un tapiz; sólo Dios ve el diseño desde arriba.

> La eternidad interpretará lo ocurrido tarde o temprano. Mientras tanto, vivimos por las promesas, no por las explicaciones.

El Nuevo Testamento encara de manera realista el dolor y el mal de este mundo y nos asegura que el futuro mostrará que el pasado tiene sentido. "De hecho, considero que en nada se comparan los sufrimientos actuales con la gloria que habrá de revelarse en nosotros" (Romanos 8:18). En el futuro, lo desconocido dará significado a lo conocido. La eternidad interpretará lo ocurrido tarde o temprano. Mientras tanto, *vivimos por las promesas, no por las explicaciones.*

Una respuesta personal

¿Qué hacemos cuando la ambigüedad de Dios nos abruma? Martín Lutero, ponderando el misterio de los caminos de Dios, nos urge a "escapar del Dios oculto y correr a Cristo". Por supuesto, el "Dios oculto" y el Dios hecho carne son uno y son lo mismo; no son divinidades separadas entre las que debemos elegir.

Pero como lo señala Stackhouse, el consejo de Lutero funciona precisamente por el hecho de que los dos son uno. Él escribe: "Uno debe huir de la providencia de los misterios de Dios de la cual no sabemos lo suficiente como para comprender (porque Dios ha revelado muy poco acerca de ella) y correr hacia Cristo Jesús en quien encontramos a Dios revelado de manera adecuada".[8] Jesús nos asegura en su Palabra que Él es por nosotros y que nada nos podrá separar de su amor.

Déle un vistazo al mundo y le será difícil creer que Dios nos ama y se preocupa por nosotros. Al menos, podríamos argumentar que los atributos de Dios son ambiguos, a veces bondadoso y otras veces indiferente y cruel. Basado en un estudio de la naturaleza, no sabríamos si Dios tuvo la intención de castigarnos al final de la vida o de perdonarnos. Sólo lea la historia de la filosofía y estará de acuerdo en que no se puede formar una idea coherente de Dios en base a la observación y la experiencia.

Cuando queramos descubrir si Dios se preocupa por su creación, tenemos que mirar más allá de este mundo, a su revelación. Allí encontramos una esperanza que nunca podríamos descubrir por nosotros mismos, "Porque tanto amó Dios al mundo, que dio a su Hijo unigénito, para que todo el que cree en Él no se pierda, sino que tenga vida eterna" (Juan 3:16).

En su libro *The Silence of God (El Silencio de Dios)*, Robert

Anderson lucha con la aparente indiferencia de Dios al dolor y a la tragedia humana. Después de preguntar todos los *por qué* importantes, escribe el siguiente pasaje que merece una lectura cuidadosa:

> Pero de todas las preguntas que nos conciernen en lo inmediato, no hay ninguna que la cruz de Cristo haya dejado sin contestar. Los hombres señalan los tristes incidentes de la vida humana en la tierra y preguntan: "¿Dónde está el amor de Dios?" Dios señala esa cruz como la manifestación sin reservas de un amor inconcebiblemente infinito a fin de dar respuesta a cada desafío y silenciar toda duda para siempre. Esa cruz no es simplemente la prueba pública de lo que Dios ha llevado a cabo; es lo más serio de todo lo que Él ha prometido. El misterio más importante de Dios es Cristo, porque en Él "están escondidos todos los tesoros de la sabiduría y del conocimiento" y esos tesoros escondidos aún están por revelarse. El propósito divino es "reunir en Él todas las cosas". *El pecado ha roto la armonía de la creación, pero sin embargo la armonía será restaurada por la supremacía de nuestro Señor quien ahora es despreciado y rechazado.*[9] (énfasis agregado)

Él dice que los mártires murieron bajo el peso de estas verdades. El cielo guardaba el mismo silencio, tanto entonces

como ahora. Algunos informes dicen que cuando algunos
mártires cristianos marchaban hacia su muerte en Francia,
cantaban tan fuerte que las autoridades contrataron una
banda para acallar el sonido de sus himnos. Nada se vio, no se
escucharon voces, no se otorgó la liberación. Buscaron en
vano alguna prueba externa de que Dios estaba con ellos.

> La respuesta de Dios a las calamidades es la cruz.

Hablando de martirios similares, Anderson comenta: "Pero con su visión espiritual centrada en Cristo, las realidades desconocidas
del cielo llenaban sus corazones, mientras pasaban de un
mundo que no era digno de ellos al hogar que Dios ha preparado para aquellos que le aman".[10] Con sus vidas en peligro,
encontraron consuelo en Jesús.

Dámaris Carbaugh canta:

> *Cristo en mí, la esperanza de gloria*
> *Cristo en mí, el refugio en la tormenta*
> *Si los malvados se salieran con la suya,*
> *O si los cimientos de la tierra se sacudieran,*
> *Nada de esto puede quitar el Cristo viviente que hay*
> *en mí.*

Letra y música por Marie Armenia.
© Penny Hill Publishing.

La maldición de la naturaleza y la maldición de la humanidad fueron cargadas en Jesús a fin de que pudiéramos ser
libres de los efectos debilitantes del pecado. La respuesta de

Dios a las calamidades es la cruz. "Cristo nos rescató de la maldición de la ley al hacerse maldición por nosotros, pues está escrito: 'Maldito todo el que es colgado de un madero'" (Gálatas 3:13).

Enfrentando las dudas

A fin de ilustrar las demandas de la fe, he hecho una paráfrasis de una parábola relatada por Basil Mitchell:

> En tiempo de guerra en un país ocupado, un miembro de la resistencia se encuentra una noche con un extraño que lo impresiona profundamente. Ellos pasan la noche conversando. El extraño afirma que también está del lado de la resistencia; en verdad, está a cargo de ella. Le urge al joven partidario que tenga fe en él, no importa lo que pase. El joven, impresionado por el extraño, decide creerle.
>
> Al día siguiente, ve al extraño pelear del lado de la resistencia y le dice a sus amigos: "Vean, el extraño está de nuestro lado". La fe del joven soldado es reivindicada.
>
> Pero al día siguiente el extraño lleva puesto un uniforme de policía y está entregando a los miembros de la resistencia a la fuerza de ocupación, ¡al enemigo!
>
> Los amigos del joven murmuran contra él, insistiendo en que el extraño podría no estar de su lado, porque lo habían visto ayudando al enemigo.

Pero el joven partidario no se inmuta, cree en el
extraño pase lo que pase.

A veces le pide ayuda al extraño y la recibe; a veces
pide ayuda y no la recibe. En tiempos de desánimo
afirma: "El extraño es el que más sabe".

Este comportamiento ambiguo de parte del extraño
provoca que los amigos del joven ridiculicen su fe
diciendo: "Si eso es lo significa estar de nuestro lado,
¡cuanto más rápido se pase al otro lado mejor!" Ahora
el joven enfrenta un dilema: ¿Saca la conclusión de
que el extraño no está de su lado después de todo
o continúa creyendo pase lo que pase?[11]

Podemos aprender dos lecciones de esta parábola. Primero,
nuestra creencia ininterrumpida depende del encuentro que
hemos tenido con Cristo. Si cuando vemos a Jesús, vemos a
Dios cerca de nosotros, amándonos, perdonando nuestros pecados, entonces podremos continuar creyendo aunque no
tengamos la respuesta final a la pregunta del sufrimiento.

Entonces, la respuesta en lo que se refiere a cuánto creemos
depende del grado de nuestra amistad con el *extraño* (Cristo).
Cuanto mejor lo conozcamos, tendremos mayores posibilidades de seguir confiando en Él, aunque sus acciones nos con-
fundan y parezca que no está de nuestro lado.

No juzgaremos su amor a nosotros por nuestras circunstancias, sino por sus promesas. "Pues estoy convencido de que
ni la muerte ni la vida, ni los ángeles ni los demonios, ni lo

presente ni lo por venir, ni los poderes, ni lo alto ni lo profundo, ni cosa alguna en toda la creación, podrá apartarnos del amor que Dios nos ha manifestado en Cristo Jesús nuestro Señor" (Romanos 8:38-39). Para citar a Stackhouse una vez más, "Podemos responder apropiadamente al mal en nuestras vidas puesto que *sabemos que Dios es bueno y todopoderoso porque conocemos a Jesús*"[12] (énfasis agregado).

Aquellos que llegamos a conocer al *extraño* somos aptos para creer en sus palabras de esperanza y consuelo. A sus discípulos, que estaban por ser despojados de su líder, y a quienes morirían por su fe después, Jesús les dio esta certeza: "No se angustien. Confíen en Dios, y confíen también en mí. En el hogar de mi Padre hay muchas viviendas; si no fuera así, ya se los habría dicho a ustedes. Voy a prepararles un lugar. Y si me voy y se lo preparo, vendré para llevármelos conmigo. Así ustedes estarán donde yo esté. Ustedes ya conocen el camino para ir a donde yo voy" (Juan 14:1-4).

Esto me lleva a la segunda moraleja de la parábola: Las preguntas acerca del misterio del mal no son resueltas en esta vida sino en la próxima. Usted recordará eso en los días en que parece como si el extraño estuviese del lado del enemigo y el conflicto continuara sin resolución y sin final. Pero recuerde que Dios tiene toda la eternidad para explicarnos (si así lo deseara) el misterio de sus caminos. "Por tanto, no nos desanimamos. Al contrario, aunque por fuera nos vamos desgastando, por dentro nos vamos renovando día tras día. Pues los sufrimientos ligeros y efímeros que ahora padecemos producen una gloria eterna que vale muchísimo más que todo sufrimiento. Así que no nos fijamos en lo visible sino en lo invisible, ya que lo que se ve es pasajero, mientras que lo que no se ve es eterno" (2 Corintios 4:16-18).

> Los males de todo tipo son un problema para el cual el plan de salvación de Dios es la solución.

Los males de todo tipo son un problema para el cual el plan de salvación de Dios es la solución. A través de la Encarnación, Jesús participa de nuestro sufrimiento, no es un observador distante. Dios no está lejos de nosotros; tampoco es indiferente e inconsiderado; ni está desvinculado de nosotros. Tenemos la confianza que Dios eventualmente corregirá a su creación caída. No deberíamos afirmar que el control de Dios sobre la naturaleza está separado de su triunfo final sobre este mundo y sobre la historia misma. Debemos creer en ambos.

Sí, finalmente la fuerza de nuestra fe dependerá de Aquél en quien hemos llegado a confiar. Podemos enfrentar la incertidumbre y las pruebas de la vida con optimismo, ayudando a otros en el camino. "Podemos . . . conocer a Jesús y en su abrazo, podemos a su vez incluir al mundo atribulado y ofrecerle una esperanza segura."[13]

¿Por qué nuestro Padre celestial no se preocupa por nosotros como lo haría un buen padre terrenal, respondiendo a nuestros pedidos y protegiéndonos de las plagas de este mundo caído? La respuesta es que nuestro Padre celestial nos ama más de lo que probablemente nuestro padre terrenal pudiera amarnos, pero Él tiene prioridades diferentes. Nosotros valoramos la salud así como nuestro Padre celestial también la valora; pero Él valora mucho más la fe. Se deleita al proveernos alimento, pero se deleita aún más cuando confiamos en Él, aunque tengamos hambre e incluso aunque podamos morir de inanición. Sí, se deleita cuando confiamos en Él, aunque parezca estar ausente cuando más lo necesitamos.

Me permitiré citar a C. S. Lewis una vez más cuando imagina al demonio Screwtape diciéndole a Wormwood, su secuaz: "No te dejes engañar Wormwood. Nuestra causa nunca peligra más que cuando un humano que ya no lo desea, todavía piensa en hacer la voluntad de nuestro enemigo (la voluntad de Dios), mira alrededor, a un universo del que parece haberse desvanecido todo indicio de Él y pregunta por qué ha sido abandonado, y aún así obedece".[14]

Sin ningún indicio de Dios en el mundo, ¡el hombre obedece a pesar de todo! ¿Y qué si Dios quisiera establecer una serie de circunstancias para probar que algunas personas continuarán confiando en Él incluso en el medio del dolor y en ausencia de explicaciones claras? ¿Y si acaso nuestra fe significa tanto para el Todopoderoso que está dispuesto a que suframos tan sólo para probar nuestra devoción y amor, aunque haya tanto en el mundo que le quita mérito a Su amor y cuidado?

Niños llorando en CNN después de perder a sus padres en un terremoto; ese no es el último capítulo en la historia de este mundo. Los escépticos no se convencen, pero aquellos que hemos conocido al *extraño* estamos convencidos de que Él sabe y se interesa. También estamos convencidos de que los últimos capítulos del libro que Él está escribiendo clarificarán algún día el significado de párrafos anteriores llenos de borrones.

Talvez pueda recordar el relato acerca de la pintura negra que se volcó accidentalmente sobre un lienzo e hizo una gran mancha. Un artista creativo decidió pintar un paisaje hermoso adaptando la pintura negra en el cuadro. Lo que pareció ser destructivo llegó a ser parte de un diseño más grande y perfecto. A la larga, cada injusticia tendrá respuesta, el sufrimiento será redimido y la gloria de Dios será desplegada.

Después de que Juan el Bautista fue llevado a la cárcel, comenzó a tener dudas sobre si Cristo era o no el Mesías. En primer lugar, el Antiguo Testamento predijo que cuando el Mesías viniera, los prisioneros serían liberados (ver Isaías 61:1). Juan cometió el mismo error de aquellos que creen que Dios está obligado a sanarnos el día de hoy: Interpretó mal el tiempo y la aplicación de algunas de las promesas de Dios.

Mientras Juan estaba sentado en el calabozo, parecía que Cristo no estaba cumpliendo las promesas de Isaías. Estoy seguro que reflexionaba acerca de cuán injusto era que quien había desempeñado una parte tan importante en el ministerio terrenal de Cristo debiera ser castigado sumariamente por adoptar una postura firme contra el matrimonio pecaminoso de Herodes. Entonces Juan envió una delegación a Cristo para preguntar explícitamente: "¿Eres tú el que ha de venir, o debemos esperar a otro?" (Mateo 11:3). Él fue cortés, pero estaba seriamente lastimado. Jesús lo había decepcionado.

En respuesta, Jesús le recordó a Juan que estaban ocurriendo milagros y agregó entonces: "Dichoso el que no tropieza por causa mía" (v. 6). Podríamos hacer una paráfrasis: *bendita es la persona que no se enoja por la manera en que me ocupo de mis negocios.*

Bendita es la persona que no dice: "Después del sufrimiento que vi a causa del terremoto, nunca más creeré en Dios". Bendita es la persona que no dice: "Nunca voy a confiar en Dios pues no me guardó de la injusticia ni del abuso".

Bendita es la persona que entiende que debemos confiar en el corazón de Dios cuando no podamos confiar en su mano; bendita es la persona que sabe que debemos sentirnos sobrecogidos en la presencia del misterio de los propósitos de Dios. Bendita es la persona que continúa creyendo pase lo que pase. Bendita es la persona que deja que Dios sea Dios.

Recuerde, los pájaros no cantan porque entienden, sino cantan porque tienen una canción.

PREGUNTAS PARA DISCUSIÓN

1. ¿Cree que Dios es digno de nuestra confianza? ¿Por qué?

2. ¿Qué haría si tuviese los poderes —y la sabiduría— de Dios por veinticuatro horas?

3. ¿Hubo momentos en los que dudó de la existencia o la bondad de Dios? Discútalo.

4. Cuando la vida parece más inestable, ¿por qué la gente se vuelve a menudo a Dios buscando consuelo?

CAPÍTULO 6

¿QUÉ CONTESTA CUANDO SUS AMIGOS LE PREGUNTAN?

¿Qué decimos cuando nuestros amigos nos preguntan acerca del rol de Dios en los desastres naturales? Algunos preguntan porque están buscando, evaluando los méritos de la fe cristiana. Otros son creyentes, pero la magnitud de tan horrible sufrimiento les hace pensar dónde estaba Dios o si a Él eso le importa.

Comencemos señalando que todos hacemos las mismas preguntas y no tenemos una lista de respuestas preparadas, empacadas hábilmente y listas para su distribución. Sabemos intuitivamente que no hay respuestas superficiales o comentarios simplistas que fomentarán el diálogo o convencerán a la mente. No obstante, debemos hablar.

Entonces, ¿qué decimos?

Debemos lamentarnos

Debemos comenzar cualquier conversación acerca de la tragedia lamentándonos por aquellos que están sufriendo. Muchos de nosotros somos mejores para explicar desastres naturales que para lamentarnos por ellos. Un libro entero del Antiguo Testamento describe con detalles vívidos la pena que sintió el profeta Jeremías después de la devastación de Jerusalén. No hay duda que la mayoría de la gente fue desobediente; hizo caso omiso de las advertencias de Dios. Pero es posible que muchas personas temerosas de Dios también hayan sido asesinadas o hayan muerto de hambre durante el sitio. Jeremías reconoció que aunque vinieron los crueles babilonios, Dios estaba en control; fue Dios quien infligió el juicio, pero aún así el profeta lloraba, tal como deberíamos llorar nosotros.

Jeremías escribió como si fuera la ciudad misma que estuviese hablando:

> Fíjense ustedes, los que pasan por el camino: ¿Acaso no les importa? ¿Dónde hay un sufrimiento como el mío, como el que el Señor me ha hecho padecer, como el que el Señor lanzó sobre mí en el día de su furor? Desde lo alto envió el Señor un fuego que me caló hasta los huesos. A mi paso tendió una trampa y me hizo retroceder. Me abandonó por completo; a todas horas me sentía morir. . . .
>
> Todo esto me hace llorar; los ojos se me nublan de llanto. No tengo cerca a nadie que me consuele; no tengo a nadie que me reanime. Mis hijos quedaron abandonados porque el enemigo salió victorioso. **LAMENTACIONES 1:12-13, 16**

Jeremías modela una mezcla de compasión humana y teología sólida. Sí, Dios trajo el juicio sobre el pueblo usando gente malvada para destruir a Jerusalén. Pero el profeta no estaba enojado con el Todopoderoso ni aceptaba estoicamente el sufrimiento porque el pueblo lo merecía. Él se lamenta por la ciudad en ruinas. Se lamenta por el hecho de que la gente fuese tan desobediente que invitaba al castigo.

Los desastres naturales hacen que nos detengamos, nos motivan a que hagamos preguntas difíciles, y si nos importa el mundo, nos mueven a las lágrimas. ¿Puede alguien no llorar cuando observa la destrucción causada por el tsunami? Seguramente un corazón lleno de compasión humana se identifica con la pérdida, el sufrimiento y la desesperanza de otros seres humanos. No deberíamos abordar el tema de los desastres naturales con un dedo acusador o con una actitud de observador. Los corazones acongojados sólo pueden ser tocados por otros corazones acongojados, compartiendo el dolor y entremezclando las lágrimas.

Cualquier respuesta debe comenzar con compasión personal y un corazón afligido.

Las lágrimas deberían llevar a las acciones, de lo contrario se derrochan. La iglesia es llamada a sufrir y a morir con el mundo y

> Los corazones acongojados sólo pueden ser tocados por otros corazones acongojados, compartiendo el dolor y entremezclando las lágrimas.

esto en ninguna parte es más necesario que donde la tragedia golpea. Algunos creyentes sufren porque se encuentran atrapados en la tragedia misma; otros sufren porque están dispuestos a sacrificarse por otros. Yo elogio a aquellos que están dispuestos a dejar la comodidad del hogar con el propósito de llevar esperanza y sanación a las víctimas. No todos pueden ir, pero todos podemos dar; podemos participar ayudando a las agencias de socorro cuando prestan servicio a aquellos que están completamente desamparados. Cuando los desastres se desencadenan, ¡la iglesia tiene que estar allí!

Mientras observaba las reparaciones hechas en su hogar por trabajadores de ayuda humanitaria, un sobreviviente del huracán Katrina comentó: "Si no fuese por los cristianos, no habríamos tenido ninguna esperanza aquí en la Costa del Golfo. Los necesitábamos y ellos vinieron". ¿Qué mejor testimonio para la gente damnificada de este mundo que ministrar las necesidades físicas primero? Dios quiere que dejemos de sujetar con fuerza nuestro dinero, nuestros recursos y nuestro egoísmo. Cuando vienen los desastres, deberíamos ser los primeros en responder con sacrificio y generosidad.

Comenzamos expresando pena y después buscamos entendimiento.

Debemos dar gracias

Debemos recordar que los desastres naturales son la intensificación de lo que está ocurriendo cada día en el mundo; la gente está muriendo de hambre por las tormentas y por las enfermedades. El hecho de que estamos vivos es un recordatorio de la bondad de Dios. Vivimos en una tierra maldita y la muerte nos llegará en cualquier momento. Gracias al pecado, este planeta no es un lugar seguro.

Los desastres naturales deberían recordarnos todas las bendiciones que damos por hecho; nos deberían llevar a una gratitud perdurable y profunda. Antes de preguntar por qué tantos mueren en desastres naturales, deberíamos hacer una pregunta diferente: "¿Por qué *vive* tanta gente *aún* (inclusive nosotros)?" Hemos aprendido que la luz del sol y las cosechas son un signo de la misericordia de Dios, y los desastres reflejan su justicia y también su enojo. Con todo, ¿cuánta gente da gracias a Dios por el clima hermoso y los numerosos beneficios que la naturaleza concede a este planeta regularmente?

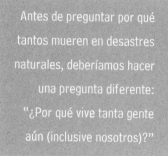

Antes de preguntar por qué tantos mueren en desastres naturales, deberíamos hacer una pregunta diferente: "¿Por qué vive tanta gente aún (inclusive nosotros)?"

Todos los días soleados que vivimos, con alimento y con salud, disfrutamos de los regalos que Dios no tiene por qué darnos. Él multiplica las bendiciones para los justos y los injustos: "Pero yo les digo: Amen a sus enemigos y oren por quienes los persiguen, para que sean hijos de su Padre que está en el cielo. *Él hace que salga el sol sobre malos y buenos, y que llueva sobre justos e injustos*" (Mateo 5:44-45, cursiva agregada).

Y así, el sol brilla para entibiarnos, la lluvia cae para bendecirnos y las estrellas brillan para recordarnos que Dios no sólo está en el cielo, sino también en la tierra para darnos una misericordia que no merecemos. Deberíamos estar agradecidos por las veces en que la tierra no tiembla, cuando los tornados no soplan y cuando no vienen las inundaciones. El mismo libro de Lamentaciones que describe la pena de Jeremías dice: "Que por la misericordia de Jehová no hemos sido consumidos, porque nunca decayeron sus misericordias; nuevas son cada mañana. ¡Grande es tu fidelidad!" (Lamentaciones 3:22-23 VRV 1995).

La vida es un regalo y Dios tiene el derecho de darlo o quitarlo. No podemos abordar esta cuestión asumiendo privilegios propios, creyendo que tenemos derecho a la vida, la libertad y la felicidad. Podemos ir en pos de estas cosas, pero debido a nuestros pecados y a los de nuestros antepasados, Dios no está obligado a darnos las bendiciones que nos envía por su gracia.

A menudo la misma gente que pregunta dónde estaba Dios después de un desastre se rehúsa ingratamente a adorarlo y honrarlo por los años de paz y calma. Ellos dejan de lado a Dios en los buenos tiempos, pero piensan que Él está obligado a ayudarlos cuando vienen los tiempos malos. Creen que el Dios al que deshonran cuando están bien debería sanarlos cuando están enfermos; que el Dios al que ignoran cuando son ricos debería rescatarlos de la inminente pobreza; y que el Dios al que se rehúsan a adorar cuando la tierra permanece firme debería rescatarlos cuando comienza a temblar.

Debemos admitir que Dios no nos debe nada. Antes de que acusemos a Dios por su despreocupación, debemos agradecerle por aquellos tiempos en que su cuidado es muy evidente. Siempre estamos rodeados por bendiciones inmerecidas. Nos bendice hasta con su silencio.

Debemos decidir

Digámosle a nuestros amigos que los desastres naturales nos fuerzan a decidir cómo responderemos a Dios. Podemos enojarnos o podemos decidir sentirnos sobrecogidos por el Todopoderoso. Podemos acusarlo o podemos adorarlo, pero la neutralidad será difícil, si no imposible.

Ese es el dilema que enfrentó Job cuando sus hijos murieron en un vendaval. Cuando recibió las noticias de los relámpagos y los fuertes vientos, no conocía el prólogo de su libro. No sabía que Satanás y Dios habían tenido un diálogo y que había sido escogido para una prueba especial. Sin explicación, sin saber la "letra menuda" de los propósitos de Dios, los rayos mataron todo el ganado de Job y un vendaval (probablemente un tornado) mató a sus hijos.

Satanás le dijo a Dios que si a Job le quitaran sus posesiones, "maldeciría" a Dios en su propia cara (Job 1:11). Es interesante, los eruditos nos dicen que la palabra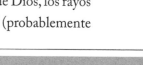

Los desastres naturales nos fuerzan a decidir cómo responderemos a Dios.

barak, en hebreo, puede significar maldición o bendición, dependiendo del contexto. Aunque su esposa, doblegada por el dolor, lo alentó a volverse contra Dios —"¡maldice a Dios y muérete!" (Job 2:9)— Job no tomó parte en ello. Él la corrigió con la aguda perspicacia de un teólogo: "Si de Dios sabemos recibir lo bueno, ¿no sabremos también recibir lo malo?" (Job 2:10). Sabía que tanto el resplandor del sol como los rayos poderosos provenían de Dios.

Con diez tumbas nuevas en la ladera de la montaña, Job eligió *bendecir* y no *maldecir*. En respuesta a Dios, adoró de esta manera:

> Entonces dijo: "Desnudo salí del vientre de mi madre, y desnudo he de partir. El Señor ha dado; el Señor ha quitado. ¡Bendito sea el nombre del Señor!."   **JOB 1:21**

Al día siguiente, las cosas fueron de mal en peor. A estas alturas, Satanás tenía el permiso de Dios para castigar con violencia a Job con "dolorosas llagas desde la planta del pie hasta la coronilla" (Job 2:7). Nuevamente, Job tuvo que elegir: ¿Adoraría a Dios o lo maldeciría? Eligió nuevamente el camino de la adoración y probó que *es posible adorar a Dios sin explicaciones*.

Los desastres naturales podrían alejar de Dios a alguna gente, pero en otros tiene el efecto contrario, los lleva a los brazos de Jesús. La destrucción de la naturaleza ha ayudado a diferenciar lo temporal de lo permanente. Los desastres les recuerdan a los vivos que el mañana es incierto, de manera que debemos prepararnos hoy para la eternidad. Hoy es el tiempo aceptable; hoy es el día de la salvación.

Cuando vienen los desastres, Dios no es puesto a prueba, nosotros lo somos.

Debemos encontrar tierra firme

Finalmente, llegamos a una lección evidente que nos enseñan los desastres naturales: Hasta las cosas que parecen sólidas temblarán algún día bajo nuestros pies. Debemos recordarles a nuestros amigos que encuentren tierra firme mientras puedan.

Un día hablé con un hombre que sobrevivió a un terremoto. Dijo que aquellos diez segundos parecieron una eternidad porque no sabía cuando acabarían y dónde estaría él cuando terminaran. Corrió hacia la calle porque no podía confiar en que su casa resistiera la sacudida. En ese momento, lo que más quería era encontrar tierra firme.

La Biblia nos enseña a cerciorarnos de que nuestras vidas sean edificadas sobre cimientos que no se sacudan, cimientos que no estén sujetos a las fuerzas impredecibles de la naturaleza. Las perturbaciones de la naturaleza nos obligan a recapacitar y a no poner nuestra fe en todo lo transitorio que será eventualmente destruido. Los terremotos y los tsunamis que a veces generan son la voz de Dios gritando a un mundo impenitente.

> Llegamos a una lección evidente que nos enseñan los desastres naturales: Hasta las cosas que parecen sólidas temblarán algún día bajo nuestros pies.

El primer terremoto registrado en la Biblia ocurrió cuando Dios entregó la ley en el Monte Sinaí. Pongámonos en las sandalias temblorosas de los israelitas.

El monte estaba cubierto de humo, porque el Señor había descendido sobre él en medio de fuego. Era tanto el humo que salía del monte, que parecía un horno; todo el monte se

> sacudía violentamente, y el sonido de la trompeta era cada
> vez más fuerte. Entonces habló Moisés, y Dios le respondió
> en el trueno.   **ÉXODO 19:18-19**

Creo que la montaña tembló porque Dios quería que la gente se sintiera sobrecogida por su poder y que tuviese temor de acercarse a Él descuidadamente. La voz de las palabras dejaban perfectamente en claro el contenido de la ley moral; la voz de la naturaleza dejaba perfectamente en claro su poder y autoridad. Los Diez Mandamientos proclamaban en voz alta sus reglas para vivir; el estremecimiento de la naturaleza proclamaba en voz alta sus reglas para adorar. Temerle no era solamente apropiado, sino que les era ordenado.

Saltemos algunos siglos y consideremos el terremoto que coincidió con la muerte de Jesús. "En ese momento la cortina del santuario del templo se rasgó en dos, de arriba abajo. La tierra tembló y se partieron las rocas" (Mateo 27:51).

La sincronización del terremoto en el Sinaí y la del terremoto en el Calvario no pudieron ser más precisas. Dos terremotos, dos actos de revelación y dos juicios. En el Monte Sinaí, Dios impartió la ley con sus demandas inflexibles y advirtió sobre las consecuencias de la desobediencia; en el Calvario, Dios impartió palabras bondadosas y misericordiosas a través de los labios de Jesús, aún cuando era juzgado por nuestros pecados. A ambos eventos los acompañó un estremecimiento de la tierra, un recordatorio de que cuando Dios habla, las montañas y las rocas tiemblan.

A estos dos eventos se les da una interpretación interesante en el libro de Hebreos. El escritor hace un contraste entre el viejo pacto donde Dios hizo temblar la tierra en el Monte Sinaí y el nuevo pacto que se instituyó en el Calvario. En este nuevo pacto, se le ve a Dios hablando desde el cielo. Dejemos que el autor lo describa:

> Tengan cuidado de no rechazar al que habla, pues si no escaparon aquellos que rechazaron al que los amonestaba en la tierra, mucho menos escaparemos nosotros si le volvemos la espalda al que nos amonesta desde el cielo. En aquella ocasión, su voz conmovió la tierra, pero ahora ha prometido: 'Una vez más haré que se estremezca no sólo la tierra sino también el cielo'. La frase 'una vez más' indica la transformación de las cosas movibles, es decir, las creadas, para que permanezca lo inconmovible.   **HEBREOS 12:25-27**

Aquí se mencionan tres "sacudidas" de la tierra. La primera fue en el Monte Sinaí, la segunda en el Calvario y la tercera aún está por venir. ¡El peor desastre natural de todos los tiempos todavía está en el futuro! Todo lo que pueda sacudirse será sacudido de tal manera que sólo lo inconmovible permanecerá.

Y ahora la conclusión:

> Así que nosotros, que estamos recibiendo un reino inconmovible, seamos agradecidos. Inspirados por esta gratitud,

adoremos a Dios como a Él le agrada, con temor reverente,
porque nuestro "Dios es un fuego consumidor".

HEBREOS 12:28-29

El desastre natural final dividirá al mundo en dos reinos separados: el inconmovible Reino de Dios y el reino de los condenados que se está desintegrando.

Los desastres naturales no sólo sacuden la tierra, sino también nuestra confianza en que la tierra continuará para siempre y que nuestro lugar en el mundo es predecible y está en nuestras manos. No podemos conservar nuestra propia independencia de Dios y sus propósitos sólo porque la ley natural parece uniforme.

Los terremotos y los huracanes nos recuerdan vívidamente que la vida es corta y que el triunfo de Dios sobre este mundo es cierto. Se aproxima un tiempo en el que todo lo que ha sido establecido será hecho pedazos. En el juicio final, la tierra entera será destruida y recreada por Dios. Entonces, sólo lo que es eterno permanecerá. Las tragedias nos enseñan a aferrarnos a Cristo y a no atarnos a nada más.

Sí, los desastres naturales son el megáfono de Dios gritándole a este mundo. Pero ésa no es la única manera en que Dios nos habla. Puede recordar que se le pidió al profeta Elías que fuese y se quedara de pie en una montaña en la presencia del Señor mientras el Todopoderoso pasaba por allí. La Escritura dice:

Como heraldo del SEÑOR vino un viento recio, tan violento que partió las montañas e hizo añicos las rocas; pero el SEÑOR no estaba en el viento. Al viento lo siguió un terremoto, pero el SEÑOR tampoco estaba en el terremoto. Tras el terremoto vino un fuego, pero el SEÑOR tampoco estaba en el fuego. Y después del fuego vino un suave murmullo.

1 REYES 19:11-12

A veces Dios grita y a veces habla en voz baja. Si guardamos silencio, podemos oír su voz pidiendo que nos volvamos de nuestro egoísmo a Él. Que nos volvamos de las incertidumbres de esta vida a la certidumbre de la siguiente. Que cambiemos nuestros reinos intrascendentes por aquel que será perdurable.

Si Él no es escuchado en los desastres naturales, quizás sea escuchado en la quietud de nuestras almas. Tal vez tomemos el tiempo para reflexionar en su misericordia y prestar atención a las advertencias que ha dado a través de Jesucristo nuestro Señor.

Por lo tanto, manténganse despiertos, porque no saben qué día vendrá su Señor. Pero entiendan esto: Si un dueño de casa supiera a qué hora de la noche va a llegar el ladrón, se mantendría despierto para no dejarlo forzar la entrada. Por eso también ustedes deben estar preparados, porque el Hijo del hombre vendrá cuando menos lo esperen.   **MATEO 24:42-44**

Benditos sean aquellos que se dan cuenta que las incertidumbres de esta vida son un recordatorio para prepararnos para las certidumbres por venir.

"Así que nosotros, que estamos recibiendo un reino inconmovible, seamos agradecidos. Inspirados por esta gratitud, adoremos a Dios como a él le agrada, con temor reverente, porque nuestro 'Dios es un fuego consumidor'" (Hebreos 12:28-29).

PREGUNTAS PARA DISCUSIÓN

1. ¿Adónde encuentra tierra firme cuando el mundo a su alrededor parece estremecerse hasta la médula?

2. ¿Qué le dice a sus amigos que se preguntan acerca del rol de Dios en los desastres naturales?

3. Cuando un desastre se desencadena, ¿es su primera inclinación bendecir o maldecir a Dios? ¿Por qué?

LISTOS PARA "LA GRAN PRUEBA"

Casi siempre que viajo a California alguien está hablando sobre terremotos y muchos residentes están esperando "el gran terremoto" que podría destruir la mayor parte de Los Ángeles y los alrededores. Por años, los geólogos han sabido que la falla de San Andrés, que se extiende cerca de la costa, es vulnerable a un terremoto masivo que podría empequeñecer a todos los otros que han ocurrido hasta ahora.

> En el juicio final, la tierra y todo lo que hay en ella será destruido. Esta tierra, maldita por el pecado, se quemará y Dios la recreará de acuerdo a sus especificaciones.

Pero realmente "el gran terremoto" no estará limitado a California; abarcará toda la tierra. Cuando Cristo venga a concluir la historia tal como la conocemos; en el juicio final, la tierra y todo lo que hay en ella será destruido. Esta tierra, maldita por el pecado, se quemará y Dios la recreará de acuerdo a sus especificaciones.

En el último capítulo abordamos el estremecimiento de

la tierra, pero otro pasaje en el Nuevo Testamento dice que el universo mismo desaparecerá, destruido en un infierno gigantesco. Nada que hayamos visto se comparará con ello:

> Pero el día del Señor vendrá como un ladrón. En aquel día los cielos desaparecerán con un estruendo espantoso, los elementos serán destruidos por el fuego, y la tierra, con todo lo que hay en ella, será quemada. Ya que todo será destruido de esa manera, ¿no deberían vivir ustedes como Dios manda, siguiendo una conducta intachable y esperando ansiosamente la venida del día de Dios? Ese día los cielos serán destruidos por el fuego, y los elementos se derretirán con el calor de las llamas. Pero, según su promesa, esperamos un cielo nuevo y una tierra nueva, en los que habite la justicia.   **2 PEDRO 3:10-13**

Le sigue la conclusión:

> Por eso, queridos hermanos, mientras esperan estos acontecimientos, esfuércense para que Dios los halle sin mancha y sin defecto, y en paz con Él.   **2 PEDRO 3:14**

En la destrucción final del cosmos, todo lo que quedará es Dios, el demonio, los ángeles y la gente. ¡Qué recordatorio de lo que es realmente importante! Por supuesto, la tierra actual será recreada y la eternidad comenzará oficialmente (ver Apocalipsis 21:1).

La pregunta que está ante nosotros es simple: ¿Cómo nos

escapamos al castigo impuesto en el juicio final? No hay diferencia si estamos vivos cuando Cristo venga, o si morimos y Él vuelve décadas después. De una manera u otra participaremos en el escenario de los tiempos finales. La asistencia al juicio final es obligatoria.

Si usted es sabio, estará preparado para "la Gran Prueba".

Evitar la condena final

Estas son las buenas noticias: Este mundo está en problemas, pero Jesús vino a rescatarnos de sus consecuencias finales. "Pero la Escritura declara que todo el mundo es prisionero del pecado, para que mediante la fe en Jesucristo lo prometido se conceda a los que creen" (Gálatas 3:22).

¡El mundo es prisionero del pecado! Qué vívida descripción de nuestro planeta, con su sufrimiento, pecado y muerte. Pero Jesús vino a quitar la maldición de aquellos que creen en Él. Permítame citar este versículo una vez más: "Cristo nos rescató de la maldición de la ley al hacerse maldición por nosotros, pues está escrito: 'Maldito todo el que es colgado de un madero'" (Gálatas 3:13-14).

> De una manera u otra participaremos en el escenario de los tiempos finales. La asistencia al juicio final es obligatoria.

Jesús soportó el último juicio por todos aquellos que creen en Él. Cuando lo recibimos como quien lleva nuestros pecados, se nos brinda el regalo de su justicia suprema de manera que podamos ser bienvenidos a la presencia de Dios como si nunca hubiésemos pecado. Pero solamente Jesús está capacitado para prepararnos para la eternidad porque no fue simplemente un maestro, sino el *Salvador.*

En los días en que los granjeros poblaban las praderas, con frecuencia encendían un fuego alrededor de sus hogares en el momento en que el viento era favorable. Sabían que los fuegos de la pradera podían comenzar a la distancia y el viento intenso podía llevar las llamas hacia ellos. Pero cuando quemaban la hierba y las malezas alrededor de sus hogares, sabían que estaban a salvo porque *vivían donde el fuego ya había estado.*

> Pero solamente Jesús está capacitado para prepararnos para la eternidad porque no fue simplemente un maestro, sino el Salvador.

Exactamente así, cuando transferimos nuestra confianza a Jesús, nos paramos donde el fuego del juicio de Dios ya ha venido. "El que cree en el Hijo tiene vida eterna; pero el que rechaza al Hijo no sabrá lo que es esa vida, sino que permanecerá bajo el castigo de Dios" (Juan 3:36). Como aprendimos en el último capítulo, nuestro Dios es un fuego consumidor.

Keith Simon, un pastor de Missouri, dijo en un mensaje a su congregación: "Cristo no vino a este mundo para sufrir una pena y dolor enormes porque los estadounidenses son muy buena gente. La magnitud del sufrimiento de Cristo es debido a cuán profundamente merecemos a Katrina, todos nosotros".[1] En Jesús, aprendemos que Dios no está distante ni aislado cuando sufrimos.

En Jesús, Dios sufrió para poder redimirnos del sufrimiento final en el infierno.

Todos recordamos las imágenes de los refugiados alrededor del estadio Superdome en Nueva Orleans, preparándose para su viaje en autobús hacia otras ciudades. Algunos políticos hicieron objeciones a la palabra *refugiado*, insistiendo que fueran llamados simplemente evacuados. No obstante, estas personas son una metáfora de nuestras propias vidas. Nosotros también estamos buscando un nuevo comienzo, sin agua ni alimento. Todos estamos tratando de viajar de la mejor manera posible, en camino a nuestro destino final. Lo que necesitamos es un refugio, algún sitio seguro, algún lugar que nos garantice un futuro con Dios en el cielo.

Los hijos de Coré nos invitan a correr hacia Dios buscando seguridad cuando la tierra comienza a temblar. Ellos sabían que *Dios es el único refugio para los refugiados.*

> Dios es nuestro amparo y nuestra fortaleza, nuestra ayuda segura en momentos de angustia. Por eso, no temeremos aunque se desmorone la tierra y las montañas se hundan en el fondo del mar; aunque rujan y se encrespen sus aguas, y ante su furia retiemblen los montes.
>
> Hay un río cuyas corrientes alegran la ciudad de Dios, la santa habitación del Altísimo.
>
> Dios está en ella, la ciudad no caerá; al rayar el alba Dios le brindará su ayuda. Se agitan las naciones, se tambalean los reinos; Dios deja oír su voz, y la tierra se derrumba.

El Señor Todopoderoso está con nosotros; nuestro refugio es el Dios de Jacob.

Vengan y vean los portentos del Señor; Él ha traído desolación sobre la tierra. Ha puesto fin a las guerras en todos los confines de la tierra; ha quebrado los arcos, ha destrozado las lanzas, ha arrojado los carros al fuego.

Quédense quietos, reconozcan que yo soy Dios. ¡Yo seré exaltado entre las naciones! ¡Yo seré enaltecido en la tierra! El Señor Todopoderoso está con nosotros; nuestro refugio es el Dios de Jacob. **SALMOS 46**

Una oración

Padre que estás en el cielo, te confieso el misterio de tus caminos. No entiendo tu plan a largo plazo ni puedo descifrar los propósitos ocultos que tienes para el dolor de la gente que Tú creaste. No obstante, sé que soy un pecador, juzgado por mi pecado de muchas maneras diferentes. Pero te agradezco porque Jesús murió para quitar la maldición, para liberarme de tu justa ira por mi rebelión. Entonces en este momento, recibo a Jesús el que carga con mi pecado, como el único que murió en mi lugar. Afirmo esta promesa para mí mismo: "Mas a cuantos lo recibieron, a los que creen en su nombre, les dio el derecho de ser hijos de Dios. Éstos no nacen de la sangre, ni por deseos naturales, ni por voluntad humana, sino que nacen de Dios" (Juan 1:12-13). Gracias por recibirme, porque oro en el nombre de Jesús, Amén.

INTRODUCCIÓN:

1 Fiódor Dostoievski, Constance Garnett, trans., *The Brothers Karamazov [Los Hermanos Karamazov]*, Modern Library Series, (Nueva York: Random House, 1995), 272.

CAPÍTULO 1

1 Susan Neiman, *Evil in Modern Thought [El Mal en el Pensamiento Moderno]* (Princeton: Princeton University Press, 2002), 142.

2 A. J. Conyers, *The Eclipse of Heaven [El Eclipse del Cielo]*, (Downers Grove: InterVarsity Press, 1992), 13.

3 Ibídem, 13. La cita es de Kendrick, *The Lisbon Earthquake [El Terremoto de Lisboa]*, (Philadelphia: Lippincott, 1957), 137.

4 Conyers, *The Eclipse of Heaven [El Eclipse del Cielo]*, 13.

5 John Woodbridge, ed., *Great Leaders of the Christian Church [Grandes Líderes de la Iglesia Cristiana]* (Chicago: Moody Press, 1988), 174.

6 Joseph McCabe, ed. y trad., *Selected Works of Voltaire [Obras Selectas de Voltaire]* (London: Watts and Co., 1911), en http://courses.essex.ac.uk/cs/cs101/VOLT/Lisbon2.htm enlace verificado por última vez en 2 de mayo del 2006.

7 http://humanities.uchicago.edu/homes/VSA/letters/24.11.1755.html; enlace verificado por última vez en 24 de marzo del 2006.

8 Voltaire, *Candide [Cándido]* (New York: New American Library, 1961), 26.

9 Ibídem, 28.

10 William Barclay, *The Letter to the Romans [Carta a los Romanos]* (Edinburgh: The Saint Andrew Press, 1955), 115.

11 Edward Rothstein, "Seeking Justice, of Gods or the Politicians" [Buscando la Justicia, de Dios o los Políticos], *The New York Times* (8 de septiembre del 2005).

12 David B. Hart, "Tremors of Doubt" [Temblores de Duda], *OpinionJournal* (31 de diciembre del 2004), en http://www.opinionjournal.com/taste/?id=110006097; enlace verificado por última vez en 19 de abril del 2006.

CAPÍTULO 2

1 http://www.usatoday.com/weather/tornado/storms/1999/
w503tor0.htm enlace verificado por última vez en 2 de mayo del 2006.

2 "The Lost and Helpless Flee from Hell to the Hills" [Los Perdidos y
los Indefensos Huyen del Infierno a los Montes], *Independent Foreign
News* (26 de agosto de 1999).

3 Tony Campolo, "Katrina: Not God's Wrath—or His Will" [Katrina:
No Es la Ira de Dios, ni Su Voluntad], www.Beliefnet.com (8 de
Enero del 2006).

4 Para una crítica exhaustiva de la Teología de la apertura, consulte el
libro de Bruce Ware: *God's Lesser Glory [La Gloria Inferior de Dios]*
(Wheaton, IL: Crossway Publishing, 2000).

5 John Stuart Mill, *Nature: The Utility of Religion and Theism
[Naturaleza: La Utilidad de la Religión y el Teísmo)* (Watts & Co., The
Rationalist Press, 1904), 21.

6 John Piper, "Whence and Why?" [¿De Qué y Por Qué?] revista *World*
(4 de septiembre de 1999), 33.

7 Timothy Lull, ed., *Martin Luther's Basic Theological Writings [Los
Escritos Teológicos Básicos de Martín Lutero]* (Minneapolis: Augsburg
Fortress Publishers, 1989), 744.

8 Ibídem, 742.

9 William Cowper, "God Moves In a Mysterious Way" [Dios Se
Mueve de Maneras Misteriosas], *Cowper's Poems [Los Poemas de
Cowper]*, Hugh I'Anson, ed. (Nueva York: Everyman's Library, 1966),
188-189.

10 Citado en *The Mystery of God's Will [El Misterio de la Voluntad de Dios]*
de Charles Swindoll (Nashville: W Publishing Group, 1999), 115.

CAPÍTULO 3

1 Kim Barker, "Many Faithful Spared When Mass Relocated" [Muchos
Fieles Se Salvaron Cuando Se Trasladó una Misa], *Chicago Tribune*
(5 de enero del 2005), sec. 1, 6.

2 Bill Hekman, pastor de Calvary Life Fellowship en Indonesia (22 de
febrero del 2005), America Online: Learylegal.

3 Amy Waldman, "Faith Divides the Survivors and It Unites Them
Too," [La Fe Divide a los Sobrevivientes y También los Une]
www2.kenyon.edu/Depts/Religion/Fac/Adler/Misc/Tsunami-
survivors.htm enlace verificado por última vez en 27 de marzo del
2006.

4 Max Lucado, "What Katrina Can Teach Us" [Lo Que Katrina Nos Puede Enseñar], *Pulpit Helps*, vol. 30, no. 11 (Noviembre del 2005), 5.

5 James Houston, ed., *The Mind on Fire—An Anthology of the Writings of Blaise Pascal [La Mente en Llamas: Una Antología de los Escritos de Blas Pascal]* (Portland: Multnomah Press, 1989), 51.

6 Ibídem, 51.

7 Jill Lawrence, "Behind an Iconic Photo, One Family's Tale of Grief" [Detrás de una Foto Representativa, la Historia de Aflicción de una Familia] *USA Today* (11 al 13 de noviembre del 2005), 1, 6A.

8 David Miller, "God and Katrina" [Dios y Katrina], http://www.apologeticspress.org/articles/351.

9 C. S. Lewis, *Paved with Good Intentions [Pavimentado con Buenas Intenciones]* (New York: HarperCollins, 2005), 24.

10 Ibídem, 25.

CAPÍTULO 4

1 Brett Martel, "Angry God Sent Storms, Mayor of New Orleans Says," [Dice el Alcalde de Nueva Orleans, Un Dios Enojado Nos envió Tormentas) *Chicago Tribune* (17 de enero del 2006), sec. 1, 6.

2 Dennis Behrendt, "Why Does God Allow Calamities?" [¿Por Qué Dios Permite las Calamidades?] *The New American* (26 de diciembre del 2005), 32.

3 Michael Luo, "Doomsday: The Latest Word If Not the Last" [Día del Juicio Final: La Palabra Más Reciente Si No la Última], *New York Times* (16 de Octubre del 2005).

4 Revista *World*, "Letters to the Editor" [Cartas al Editor] (septiembre-octubre del 2005).

5 Byron Paulus, *Revival Report [Informe de Reavivamiento]*, Life Action Ministries (Otoño del 2005), 2.

6 "New Orleans City Council President: 'Maybe God's Going To Cleanse Us,'" [El Presidente del Consejo Municipal de Nueva Orleans Dice: "Quizás Dios Va a Purificarnos"] LifeSiteNews.com (1 de septiembre del 2005).

7 http://www.spiritdaily.org/New-world-order/neworleans.htm; enlace verificado por última vez en 2 de mayo 2006.

8 Según lo citado en *AgapePress*, "God's Mercy Evident in Katrina's Wake" [La Evidente Misericordia de Dios como Consecuencia de Katrina] (2 de septiembre del 2005).

9 Paulus, *Revival Report [Informe de Reavivamiento]*, 3.

CAPÍTULO 5

1 C. S. Lewis, *Mere Christianity [Mero Cristianismo]* (New York: HarperCollins, 1952), 38.

2 Ibídem, 29.

3 Ravi Zacharias, "The Silence of Christmas and the Scream of the Tsunami," [El Silencio de Navidad y el Grito del Tsunami] *Just Thinking* (Invierno 2005), 1.

4 Según lo citado en la editorial, "Tsunamis and Birth Pangs" [Los Tsunamis y los Dolores de Parto], *Christianity Today* (Febrero del 2005), 28.

5 Estoy en deuda con J. M. Monsabre por esta idea, según lo citado en *12,000 Religious Quotations [12.000 Citas Religiosas]*, Frank Mead, ed. (Grand Rapids: Baker Book House, 1989), 179.

6 John Stackhouse, *Can God Be Trusted?—Faith and the Challenge of Evil [¿Se Puede Confiar en Dios? La Fe y el Desafío del Mal]* (New York: Oxford University Press, 1988), 103.

7 Orígenes, *On First Principles [Principios]* (New York: Harper y Row, 1966).

8 Stackhouse, *Can God Be Trusted? [¿Se Puede Confiar en Dios?]*, 103.

9 Sir Robert Anderson, *The Silence of God [El Silencio de Dios]* (Grand Rapids: Kregel Publications, 1952), 150–151.

10 Ibídem, 152.

11 http://72.14.207.104/search?q=cache:t5Sc3AWQXrcJ:tre.ngfl.gov.uk/uploads/materials/14455/gardener1.pdf+basil+mitchell+stranger+knows+best&hl=en&gl=us&ct=clnk&cd=3; enlace verificado por última vez en 2 de mayo del 2006.

12 Stackhouse, *Can God Be Trusted? [¿Se Puede Confiar en Dios?]*, 104.

13 Según lo citado en la editorial, "Tsunamis and Birth Pangs" [Los Tsunamis y los Dolores de Parto], 28. Hallado en http://www.christianitytoday.com/ct/2005/002/4.28.html; enlace verificado por última vez en 25 de abril del 2006.

14 C. S. Lewis, *Paved with Good Intentions [Pavimentado con Buenas Intenciones]* (New York: HarperCollins, 2005), 38.

EPÍLOGO:

1 http://www.dirpodcast.com/podcasts/index.php?iid=1211; enlace verificado por última vez en 2 de mayo del 2006.

¡GRATIS! PREGUNTAS PARA DISCUSIÓN

Una versión de las
preguntas formuladas en este libro
está disponible en:

ChristianBookGuides.com

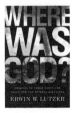
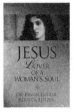